多维视角下的
当代人力资源高效管理模式研究

张 洁 著

吉林摄影出版社

·长春·

图书在版编目(CIP)数据

多维视角下的当代人力资源高效管理模式研究 / 张洁著. --长春:吉林摄影出版社,2023.8
ISBN 978-7-5498-5953-5

Ⅰ.①多… Ⅱ.①张… Ⅲ.①人力资源管理－管理模式－研究 Ⅳ.①F243

中国国家版本馆 CIP 数据核字(2023)第 178979 号

多维视角下的当代人力资源高效管理模式研究

DUOWEI SHIJIAOXIA DE DANGDAI REN LI ZIYUAN GAOXIAO GUANLI MOSHI YANJIU

著　　者:张　洁
出 版 人:车　强
责任编辑:罗　晗
封面设计:刘　芸
开　　本:787mm×1092mm　1/16
字　　数:220 千字
印　　张:11.25
版　　次:2024 年 1 月第 1 版
印　　次:2024 年 1 月第 1 次印刷

出　　版:吉林摄影出版社
发　　行:吉林摄影出版社
地　　址:长春市净月高新技术产业开发区福祉大路 5788 号
　　　　　邮编:130118
电　　话:总编办:0431－81629821
　　　　　发行科:0431－81629829
印　　刷:北京银祥印刷有限公司

ISBN 978-7-5498-5953-5　　　　定　价:48.00 元

版权所有　侵权必究

前 言

随着全球经济一体化的发展,人才的竞争越来越激烈化。经济发展的竞争,归根结底就是人才的竞争。谁掌握了人才资源,谁就拥有企业竞争的核心资本。当代社会经济发展实践证明,人力资源的开发与利用对经济发展起着重要作用,人的素质高低决定了效率快慢。在当今知识经济的趋势下,人力资源已成为企业取得和维系竞争优势的关键性资源,但是,要将人力资源从潜在的生产能力转化为现实的生产力,就必须加强人力资源的开发与管理。每个时代人力资源都拥有与自己时代相适应的特点。随着社会经济的变革和环境的变化,人力资源管理也形成了自己的特点。如今的时代是以人为核心的时代,是人才竞争优势凸显的时代。人力资源构成了社会竞技运动的基础性要件,是形成财富的首要因素,是创造价值不可缺的因素,是发展经济的关键力量。现代人力资源管理以"人"为核心,视人为"资本",把人作为第一资源加以开发,既重视以事择人,也重视为人设事,让员工积极主动地、创造性地开展工作,属于"服务中心",管理出发点是"着眼于人",考虑人的个性、需求的差异,又考虑客观环境对人的影响,用权变的观点开展工作,从而达到人力资源合理配置、人与事的系统优化,使企业取得最佳的经济和社会效益,起着维持一个组织的竞争优势的作用。

基于此,本书从多维视角下的人力资源管理介绍入手,针对多维视角下工作分析与工作设计、多维视角下人力资源招聘以及多维视角下人力资源培训与开发进行了分析研究;另外对多维视角下绩效管理、多维视角下薪酬管理及多维视角下员工关系管理做了一定的介绍;还对多维视角下企业的核心人才与企业文化管理与多维视角下资源管理模式发展与创新做了简要分析。本书旨在摸索出一条适合现代档案管理工作创新的科学道路,帮助其工作者在应用中少走弯路,运用科学方法,提高效率。

在撰写过程中,笔者参阅、借鉴和引用了国内外许多同行的观点和成果,笔者在此一并感谢。另外,受水平和时间所限,书中难免有疏漏和不当之处,敬请读者批评指正。

目 录

第一章 多维视角下的人力资源管理 ································· 1
- 第一节 多维视角下的人力资源管理概述 ························· 1
- 第二节 人力资源管理的基础认知 ································ 6
- 第三节 多维视角下人力资源管理的内容体系 ···················· 9
- 第四节 多维视角下人力资源管理的发展趋势 ··················· 13

第二章 多维视角下工作分析与工作设计 ··························· 19
- 第一节 工作分析的内涵 ·· 19
- 第二节 多维视角下的工作分析 ·································· 22
- 第三节 工作设计的基础认知 ···································· 26
- 第四节 多维视角下的工作设计 ·································· 29

第三章 多维视角下人力资源招聘 ·································· 37
- 第一节 人力资源招聘 ·· 37
- 第二节 人力资源招聘过程管理 ·································· 39
- 第三节 招聘渠道的类别及其选择 ································ 42
- 第四节 多维视角下应征者的求职过程 ···························· 45
- 第五节 员工招聘与筛选的方法 ·································· 47

第四章 多维视角下人力资源培训与开发 ··························· 53
- 第一节 培训与开发概述 ·· 53
- 第二节 培训与开发需求分析 ···································· 56
- 第三节 多维视角下培训与开发的计划与实施 ···················· 63
- 第四节 培训与开发的方法 ······································ 68
- 第五节 培训与开发的效果评估 ·································· 74

第五章 多维视角下绩效管理 ······································ 77
- 第一节 绩效管理的基础认知 ···································· 77
- 第二节 绩效管理的流程 ·· 80
- 第三节 绩效考核的方法 ·· 89
- 第四节 绩效沟通与改进 ·· 94
- 第五节 多维视角下探讨创新绩效指标评价体系 ················· 101

第六章　多维视角下薪酬管理 · 107
第一节　薪酬管理的基础认知 · 107
第二节　薪酬体系设计 · 113
第三节　多维视角下激励薪酬和福利 · 116

第七章　多维视角下员工关系管理 · 125
第一节　劳动关系的基础认知 · 125
第二节　劳动合同的简要概述 · 128
第三节　员工关系管理 · 136

第八章　多维视角下企业的核心人才与企业文化管理 · 145
第一节　企业的核心人才管理 · 145
第二节　积极构建企业文化 · 150
第三节　企业文化与人力资源管理的重要关系 · 158
第四节　多维视角下企业文化提升竞争优势的机理 · 163

第九章　多维视角下资源管理模式发展与创新 · 167
第一节　人力资源与传统人事管理的比较 · 167
第二节　人力资源在网络经济中的作用与影响 · 168
第三节　网络经济对人力资源开发与管理的影响 · 169

参考文献 · 173

第一章 多维视角下的人力资源管理

第一节 多维视角下的人力资源管理概述

一、人力资源的概念

《辞海》将"资源"解释为资财的来源,一般指天然的财源。《现代汉语词典》将"资源"表述为生产资料或生活资料的天然来源。因此,"资源"一词在汉语中的本意是天然形成的可以被人类利用的物质总和。随着社会的不断发展,资源已经成为国家或地区乃至特定组织所拥有的人力、物力和财力等各种物质要素的总和,分为自然资源和社会资源两大类。

关于人力资源的定义,大量的相关文献中存在着不同的观点,尚未形成统一的意见。学者们从各自不同的角度给出了定义,主要分为两种观点。

(一)人的角度

人力资源概念突出人所具有的知识和技能,是创造价值贡献的重要条件,是对人的内在能力的总体表述。

(二)能力的角度

人力资源是体现在人身上的一种劳动能力,包含数量和质量的规定性。人力资源是在一定时间空间条件下,现实和潜在的具有劳动能力的人的总和,是对劳动人口数量的外在计量,有利于实现人力资源的数量计量、质量评价及有效利用。

由于其贡献可以为国家、地区或组织所利用,人力资源被看作重要的财富来源。

二、人力资源的数量和质量

人力资源是人所具有的为社会创造财富的体力和脑力的总和,因此可以从数量和质量方面进行衡量,有助于实现对人力资源的有效开发和利用。

(一)人力资源的数量

人力资源数量的计量直接关系其价值贡献,无论对于国家、地区还是组织都是重要的。从数量上看,某一时间内一个国家或地区的人力资源数量的内容,主要包括以下几个部分:

1. 劳动年龄以内的就业人口

按照我国现有的劳动法律规定,劳动年龄以内的就业人口是法定劳动年龄内具有劳动能力的人口之和,是劳动年龄内正在从事社会生产的劳动者。

2. 未达劳动年龄但已从事社会劳动的就业人口

指受到多种因素的影响,有些尚未达到劳动年龄,但已经投入到社会劳动中的就业人口。尽管从身体和生理方面尚未满足劳动者的基本条件,因为这部分人已经进入社会生产活动中创造价值,也被计入人力资源范畴。

3. 超过劳动年龄仍继续从事社会劳动的就业人口

指已经达到退休年龄,但依然从事社会生产,继续发挥他们的才能和智慧创造财富,也是人力资源的组成部分。

4. 劳动年龄内的失业人口

指处于劳动年龄,但由于各种原因处于失业状态,没有从事社会生产的人。

5. 劳动年龄以内的从事家务劳动的人口

指劳动年龄内但没有从事社会生产,而是开展家务劳动的人口,主要包括从事家务劳动的农村人口和部分城镇人口。

6. 劳动年龄以内的在学人口

随着教育事业的不断发展,接受教育的人口不断增加,有越来越多进入劳动年龄内的人口依然处于接受教育阶段,尚未投入社会生产活动中去,处于潜在形态的人力资源。

7. 劳动年龄以内的军队服役人口

军队服役人员是保障国家和人民生命财产安全的重要力量,尽管也在劳动年龄内,但没有投入社会生产中去创造财富。

8. 劳动年龄以内的其他具有劳动能力人口

排除以上情况之外的其他情形的在劳动年龄以内的人口。

其中,1~3属于社会在业人口,是已在利用的人力资源;表现为社会经济活动人口,属于现实劳动力供给,是现实的人力资源;4~8尚未形成现实的劳动力供给,是潜在形态的人力资源。

影响人力资源数量的因素可以来自特定地区人口总量及人口出生率的变化、人口年龄结构及其变动,还包括人口迁移等。随着生活水平的不断提高,医疗技术的发展,人的平均寿命逐渐提高,人力资源的数量相应地增加。

(二)人力资源的质量

作为生产者,人的生产能力不仅取决于人口或劳动者的数量,而且取决于人口或劳动者的内在质量。人口质量(Population Quality)是人口经济学的一个重要范畴,指在一定的社会生产力和社会制度下,人们所具备的思想道德、科学文化和劳动技能以及身体素质的水平。社会越发展,人口质量的总体水平也就越高。人力资源质量综合体现在劳动者个体或群体的健康状况、知识水平、技能水平等方面。

经济发展的实践证明,人力资源质量与经济发展速度成正比,为经济发展奠定了坚实基础。人力资源质量可以用人在道德、文化、能力、心理、身体等方面的质的规定性来表示,人的素质高低决定产品及服务的质量优劣和劳动生产率的高低,影响投入与产出关系的变化。因此,提高人力资源质量是人力资源开发和管理的重要目标和任务,尤其是在以信息、知识和技术密集为特征的知识经济时代,只有真正拥有高质量的人力资源,才能获得或具有核心竞争力。

三、人力资源相关概念界定

人的作用日益被重视,并受到越来越多的关注,学者们开始采用不少与人力资源相似的概念开展研究。

(一)人口资源

人口资源是指特定空间范围内具有的数量、质量与结构的人口总体。人口是不同国家和地区开展社会生产不可缺少的基本物质条件。和其他自然资源相比,人口资源的数量、质量、结构及动态特征不仅受生物与生态环境等自然因素的影响,还会受到人类社会所特有的政治、经济、文化等诸多因素的影响。

(二)劳动力资源

根据我国相关的劳动法律法规,法定劳动年龄内具有劳动能力的人口被称为劳动力资源。和人口资源不同的是,劳动力资源强调劳动年龄内的人口数量。不同国家和地区人口的年龄构成、性别构成、劳动力参与率将影响着现实的劳动力数量和结构,而教育发展状况、生活水平的高低将影响劳动人口所拥有的知识和技能,直接决定劳动资源的质量,从而影响社会生产的效率和效果。我国作为世界上劳动力人口最多的国家,合理开发和充分利用劳动力资源,对于国民经济和社会发展具有决定性的作用。

(三)人才资源

人才被定义为具有一定的专业知识或专门技能,进行创造性劳动并对社会做出贡献的人。人才资源是人力资源中能力和素质较高的劳动者。人才强国战略作为国家的一项重大战略提出,说明人才资源已经成为我国经济社会发展的第一资源,是大力提升国家核心竞争力和综合国力的重要战略。

在社会生产和技术进步日新月异的今天,人力资源尤其是高层次的人才资源对社会的贡献明显高于其他物质资源。相比较于劳动力资源和人力资源,人才资源更多地强调人力资源的内在高质量特点,突出人才投入对社会生产的较高贡献。与一般劳动力资源相比,人才资源具有明确的专业特性、形成时间较长、培养费用较大,从而决定了人才资源可以创造出更多的财富和更高的价值。

从数量和质量的关系角度来看,人口资源是特定时间和特定范围内的所有人口总和,是对人口总体的客观描述,突出人的数量;劳动力资源是在劳动年龄以内的具有劳动能力并投入社会生产的人口总和,强调的是具有劳动能力的劳动者数量;人才资源是总人口中具有较高知识水平和技能水平、能够在社会生产中做出较大贡献的劳动者,反映人的质量。因此,人才资源是人力资源的核心部分;由于人力资源包含了投入社会生产并创造价值贡献的所有人口,不受劳动年龄的限制,因而从数量上看,人力资源要大于劳动力资源的范畴,同时也突出了对人的质量的界定,是人口数量和质量的统一反映。

(四)人力资源和人力资本的区别

人力资源和人力资本的区别在于:

第一,概念的范围不同。人力资源包括自然性人力资源和资本性人力资源。自然性人力资源是指未经任何开发的个体遗传素质表现在脑力和体力上的总和;资本性人力资源是指经过教育、培训、健康与迁移等投资而形成的脑力和体力的总和。人力资本是指所投入的物质资本在人身上所凝结的人力资源,是可以投入经济活动并带来新价值的资本性人力资源。人力资本存在于人力资源之中。

第二,关注的焦点不同。人力资源关注的是价值问题,而人力资本关注的是投资和收益问题。人力资源将人作为财富的来源,从投入产出的角度来研究人对经济发展的作用,关注的重点是产出问题。人力资本是从成本投资与收益角度来研究人在经济增长中的作用,强调投资,考虑投资的成本与结果,研究价值增值的速度和幅度等关系,关注的重点在于投资的收益。

第三,人力资源和人力资本的计量形式不同。众所周知,资源是存量的概念,而资本则兼有存量和流量的概念,人力资源和人力资本也同样如此。人力资源是指一定时间、一定空间内人所具有的对价值创造起贡献作用并且能够被组织所利用的体力和脑力的总和。人力资本从生产角度看,往往是与流量核算相联系的,表现为经验的不断积累、技能的不断增进、产出量的不断变化和体能的不断损耗;从投资活动的角度看,表现为投入教育培训、迁移和健康等方面的资本在人身上的凝结。因此,人力资源和人力资本存在着性质上的不同。

(五)人力资源的特征

1. 能动性

能动性是人力资源区别于其他资源的最根本特征。和其他资源只能被动地接受使用相比,个人的主观能动性对于人力资源开发的效果具有重要的影响。人能够接受教育或主动学习以丰富自己的知识、提高自己的技能,能够自主地选择职业,更重要的是人能够发挥主观能动性,可以有目的地利用其他资源进行生产,能够不断地创造新工具、新技术,并且利用其他资源去创造财富,从而推动社会和经济的发展。这是其他资源不具有的重要特性。

2. 时效性

人力资源的形成、开发、配置、使用均与人的生命周期有关,都要受到时间的限制。从个人成长的角度，人的生命周期存在婴幼儿期、少年期、青壮年期到老年期等生理阶段，不同的阶段人力资源的可利用程度不同，人所拥有的知识、技能、体力等要素相对于人的生命周期也存在一定时限。相应地，人力资源的使用也要经历培训期、试用期、最佳使用期和淘汰期的过程。结合人的成长过程，选择适应的开发和利用策略，可以实现人力资源的有效开发和合理利用。不同类型的人力资源发挥作用的最佳期也不尽相同，因此，充分考虑不同年龄的人的特征及时有效地开发和利用，才能最大限度地实现人力资源增值。反之，忽视人力资源的时效性，个人的知识技能如果得不到有效的使用，也可能过时，使劳动能力降低，形成人力资源浪费。

3. 增值性

相比较于自然资源在使用中被不断消耗，人力资源在投入社会生产过程中会通过不断的使用实现保值增值。知识经济时代，人们面临着更多的新问题和新挑战，决定了人类生产活动具有创新性。创新不仅丰富了人们的生产和生活，也给人们提供了新的视角、新的技术探索和实践尝试，不断强化人的能力，补充新的知识，由此，人的脑力和体力都会在使用过程中不断地被丰富和加强。在解决问题的过程中，人会不断地更新已有的知识，学习并且掌握新的技能，积累生产经验，从而实现人力资源增值。增值性突出人力资源只有在使用中才能不断地增长才干，从而实现人力资源价值提升。

4. 社会性

社会性是指人的社会属性。社会性强调人以群体方式开展生产和生活，处于特定的社会关系之中。从宏观层面看，人力资源的获取与配置要依赖于社会，人力资源的配置与使用从属于社会分工体系；从微观层面看，人类的劳动是社会性劳动，不同的个体参与社会经济活动中的社会分工。每个人都生活或工作在群体或组织之中，不同群体或组织都有自身的文化特征和价值取向，从而影响个体的行为。当人力资源投入社会生产过程中，除了带来生产力的提高和社会经济的发展的同时，还会产生社会性的影响，如人的素质的提高会提高社会文明程度、能够使人有意识地保护并改善自然环境等。

5. 可开发性

人力资源存在于人体之中，是一种"活"的资源，与人的生命特征、基因遗传等紧密相关。通过人口再生，伴随着生命的不断延续，人力资源可以不断再生，成为可以连续开发的资源，这是由人的生理特征决定的。此外，人力资源的使用过程是不断实现自我补偿、自我更新、自我丰富的过程，也是人力资源的开发过程。在知识更新周期缩短、全球经济一体化的时代，组织管理者将人视作需要不断开发的资源，借助完善教育体系，加强培训与开发，不断提高生活水平，改善医疗保健状况，持续地加以有效开发和利用，才能使人力资源价值不断增值。

第二节 人力资源管理的基础认知

一、人力资源管理的概念

人力资源管理(Human Resource Management,简称HRM),是人事管理的升级,是指在经济学与人本思想指导下,通过招聘、甄选、培训、报酬等管理形式对组织内外相关人力资源进行有效运用,满足组织当前及未来发展的需要,保证组织目标实现与成员发展的最大化的一系列活动的总称。它是预测组织人力资源需求并做出人力需求计划、招聘选择人员并进行有效组织、考核绩效支付报酬并进行有效激励、结合组织与个人需要进行有效开发以便实现最优组织绩效的全过程。人力资源管理也是公司一个重要的职位。

理解人力资源管理的概念,需要把握以下重点:

(一)人力资源管理是有目的的活动

人力资源管理活动是为了实现特定的目标,如个人价值最大化、个人投资的预期收益最大化、企业经营效益最大化及社会人力资源配置最优化等。

(二)人力资源管理的主要任务就是以人为中心

围绕人力资源的获得、开发、保持和利用等方面展开。人力资源管理以人力资源投资为主线,研究人与人、人与组织、人与事的相互关系,通过有效的管理活动,以调动人的积极性,挖掘人的潜能,提高人的价值,从而最大限度地发挥人力资源的作用。

(三)人力资源管理活动是在特定环境条件下开展的

无论是外部环境还是内部条件,环境因素为人力资源管理活动提供客观条件和所需要资源的同时,也对人力资源的有效开发和配置形成影响和制约。

(四)人力资源管理已经形成相对完善的理论体系

人力资源管理充分运用当代相关学科,包括社会学、心理学、管理学、经济学和技术学等学科的最新成果,强调对人管理的系统化、规范化和管理手段的现代化,不仅形成了较为系统的体系框架和理论基础,同时为管理者提供了科学的方法、工具和技术,为有效地实现人力资源管理提供理论和方法支持。

人力资源管理又被称作现代人事管理,与传统人事管理既有联系,又有区别。首先,人力资源管理和传统人事管理存在着历史上的渊源关系,两者既不能相互替代,也不能完全割裂。人力资源管理是从传统人事管理发展而来的,在继承原有人事管理基本职能和作用的基础上,丰富和发展了人事管理的相关职能,提升了人事管理的组织地位和战略影响,采用更多的现代方法和技术,实现对人力资源的有效管理。因此,人力资源管理和传统人事管理之间存在着继承和发展的关系。其次,人力资源管理是现代人事管理,与传统人事管理存在着本质的区别。一位职业经理人用形象的比喻来描述传统人事管理与人力资源管理的区别,传统人事管理把人看作蜡烛,不停地燃烧直至告别职业生涯,强调企业目标的实现;人力资源管理把人看作蓄电池,可以不断地放电、充电,强调人的潜能的不断开发和利用,强调实现企业价值和员工个人价值的双赢目标。

二、人力资源管理的目标和作用

(一)人力资源管理的目标

目标是未来一定时期内要达到的目的性标准。人力资源管理目标是为组织实现特定的目标,从而获得、开发、保持和有效利用人力资源,以提供相应的人力资源支持和保障,当人力资源成为组织的第一资源,人力资源管理的最高目标就是通过对人力资源的有效整合来驱动组织核心能力的形成与保持,以确保战略目标的达成。

从组织角度出发,人力资源管理要满足组织目标的实现对人力资源的现实需要。人力资源管理的基本目的是建立一支宏大的高素质、高境界和高度团结的队伍,以及创造一种自我激励、自我约束和促进优秀人才脱颖而出的机制,为公司的快速成长和高效运作提供保障。由此可见,人力资源管理成功的关键,在于它是否能够有效地建立人力资源的有效管理体系,采用各种手段和措施,努力激发人的内在潜能,调动人的积极性和主动性,以支持组织实现预定的目标。

站在组织成员角度,人力资源管理的目标还要更好地满足人的全面发展。在个人发展需求日益提高的今天,以人为本的基本思想得到越来越多管理者的认同,人力资源管理在保证组织目标达成的同时,还要兼顾个人的发展和利益等内在需求,努力为员工提供成长和发展的空间和条件,强调在实现组织发展的同时实现个人的全面发展。人力资源管理更多地强调必须基于对人性的尊重以及对人的价值、内在需求和内在能力结构与特征的深刻把握,关心组织成员的个人利益和成长发展,激发人的内在潜能,从而实现个人和组织的双赢,有助于促进组织使命追求与战略目标的达成。

人力资源管理目标的建立是人力资源管理过程的重要内容,必须与组织的战略目标和策略有机配合。鉴于各类组织存在性质不同,组织结构各异,战略目标和政策不断变化、人力资源结构和存量存在较大差异,这些因素都将制约和限制人力资源管理目标确立。反过来,组织的人力资源活动的效率和效果也会直接影响到组织整体战略目标的实现。

(二)人力资源管理的作用

21世纪的竞争是知识经济的竞争,是人的竞争。人力资源管理对组织的作用日益重要。

1. 人力资源管理形成对组织发展战略的重要支持

战略明确组织的发展方向,然而离开有效的资源支持,战略的实现无疑是"空中楼阁"。

首先，人力资源是战略实现的保障。根据组织的战略目标，第一，要通过人力资源规划对未来的人力资源供给和需求做出预测，然后通过招聘录用或者培训与开发来进行人力资源的获得和储备，从而为战略的实现奠定坚实的人力资源基础。第二，组织战略的实现过程中，人力资源在很大程度上影响各种外在资源的使用效果，直接决定资源投入产出关系的改变，从而决定组织战略的实现。第三，组织成员对战略的认同是人力资源发挥作用的重要条件。只有组织战略得到全体员工的认同，员工才能够把组织的战略目标内化为自己的个人目标和行为准则，企业战略的实现才能获得有效的内在动力。这个过程离不开人力资源管理实践的支持。组织可以通过绩效考核和奖励等方式来传达组织的战略意图，以更有力地获得组织成员的认同和支持。因此，人力资源管理将对组织战略的实现形成强有力的支持。

2. 人力资源管理有助于形成组织的核心竞争力

迈克尔·波特（Michael Porter）是美国哈佛商学院大学教授，他的企业持续竞争优势理论模型认为，企业竞争地位归根结底取决于企业控制的资源状况，要想创造出持续竞争优势，企业资源就必须具备四个性质，即价值性、稀缺性、不可模仿性和非替代性。人力资源完全满足以上条件，独有的人力资源是竞争对手难以模仿并超越的，基于此，人力资源管理成为组织赢得持续竞争优势的基础。

知识经济时代，知识成为价值的重要来源，掌握并运用知识进行价值创造的关键在于人力资源。组织要在开放的环境和激烈的变化发展中赢得生存和发展，就必须拥有可持续发展的战略，形成自己的核心竞争力，而形成核心竞争力的关键就是获得并拥有符合组织价值观、充满激情、富有创新意识、开拓精神的优秀员工，他们获得个人的成长和发展的同时，也为组织的发展带来了源源不断的发展动力。人力资源管理实践还可以借助有效地构建组织成员与组织间良好的关系，培养组织成员的组织公民意识，实现组织成员个人期望与组织整体期望的高度拟合，从而更好地激发组织成员的积极性、主动性和创新性，使得人力资源真正成为获取持续竞争优势的源泉。

3. 人力资源管理已经成为提升组织绩效的重要保证

从管理的角度看，绩效是指组织、团队或个人，在一定的资源、条件和环境下，完成目标任务的程度，是对目标实现程度的衡量与反馈。人力资源管理绩效与企业经营绩效之间存在显著的正相关关系，人力资源管理对企业绩效有着积极的影响作用。企业绩效的实现和提高有赖于人力资源管理的实践活动，但是人力资源管理不能单独对企业绩效产生作用，它必须和企业的环境、企业的经营战略以及人力资源管理的支持这三个变量相互配合才能发挥作用，这一结论也更加强调了人力资源管理在组织中的地位和作用。

作为社会经济细胞的企业，绩效可以体现为某一时期内企业生产经营任务完成的数量、质量、效率及盈利情况。在越来越激烈的市场竞争中，人力资源管理成为提升企业绩效的关键，它直接影响着企业的生产效率、核心竞争力、客户的满意度、市场份额、利润等方面。企业要想获得生存和发展,努力提升自身的核心竞争力,就必须重视人力资源,努力提升人力资源的管理水平,从而最大限度地发挥人的使用价值,达到人尽其才、人尽其能,不断提升个人绩效的同时,实现企业整体绩效的不断提高,最终实现企业利润的最大化。

第三节 多维视角下人力资源管理的内容体系

一、人力资源管理者和人力资源管理部门

(一)人力资源管理者和人力资源管理部门的活动

在当今组织管理活动中,人力资源管理已经成为一个重要的子系统。人力资源管理者和部门承担了主要的人力资源管理活动。一般而言,组织中人力资源管理部门的职能活动主要反映在以下方面(见表1—1)。

表1—1 人力资源管理部门的活动

职能活动	具体内容
人力资源规划	配合组织发展战略,制订人力资源规划,确立人力资源发展战略,建立和执行组织人力资源管理政策和制度
组织结构设计	根据组织发展状况,设计组织结构、调整岗位设计和职位分析,明确岗位职责和任职资格
人员配置	根据组织结构实施人员变动,调配人员优化人力资源配置,提高人力资源管理的有效性
招聘录用	根据各部门的用人需求,负责企业人员招聘、甄选、录用和评估
培训与开发	制订员工培训计划,组织员工培训,完成培训效果评估,实施职业生涯规划与管理,实现管理者能力开发与评价
绩效管理	制定、监控和评估组织的整体绩效和个人绩效,确保绩效目标的实现
薪酬管理	建立、实施和管理组织的薪酬福利体系,有效激励,合理分配
员工关系管理	建立组织和员工间的沟通渠道和方法,开展劳动关系管理,努力保障员工的安全和健康
组织文化建设	组织对组织文化的提炼、传播,提高企业凝聚力
人力资源数据库建设与管理	建立组织人力资源管理信息库,为人力资源决策提供依据

从职能角度来看,人力资源管理活动可以划分为行政性的事务活动、业务性的职能活动、战略性和变革性的活动三种类型。行政性的事务活动包括监督员工考勤、管理员工档案、办理人事手续、员工薪酬福利发放等活动;业务性的职能活动指人力资源管理的具体职能活动,包括招聘录用、培训与开发、薪酬管理、绩效管理等;战略性和变革性的活动则是站在组织整体角度,将人力资源管理活动纳入组织战略规划中,包括制定和调整组织战略、推动组织变革等内容。人力资源管理部门将大部分时间都花费在行政性的事务活动和业务性

的职能活动中,而这两类活动为企业产生的附加值却相对较低,贡献较少;人力资源管理部门投入较少时间在战略性和变革性的活动中,但这类活动才是能够为企业创造较高价值的核心。所以人力资源管理部门需要合理调整三类活动的投入时间,才能够为企业创造更多价值,做出更多的贡献。

随着互联网、大数据、云计算等网络技术的普及,为更好地提升人力资源管理的效率,人力资源管理部门借助计算机和网络技术处理程序化和计算类型的工作,可以将一部分不太重要但烦琐耗时的行政事务性工作委托给专业的人事代理机构或者服务企业,专业化的服务大大地提高了人力资源管理工作的效率,大幅度降低了企业的管理成本。现代通讯技术手段在人力资源管理领域中的应用已经显现成效,这也为未来人工智能技术应用在人力资源职业领域、提升人力资源价值提供可能。

(二)人力资源管理者和人力资源管理部门的角色

组织中,人力资源管理者和部门在很大程度上决定了人力资源管理作用的发挥效果。人力资源管理的角色揭示人力资源部门及管理者在协助组织实现战略目标、创造价值的过程中所遵循的行为模式、发挥的作用以及作用机制。目前,学者们从多个方面对人力资源管理角色开展了研究,包括从不同的划分依据得出的不同结果,从业务逐渐转向战略,反映出人力资源管理角色的研究在持续进行。

可以将人力资源管理者和部门所扮演的角色划分为以下四种:

1.战略伙伴

战略伙伴强调人力资源管理者和部门要参与到组织战略的制定中去,并且要确保组织的人力资源战略得以有效实施,这就要求人力资源管理者和部门的工作必须以组织战略为导向。人力资源管理者从组织设计入手,通过定义组织结构,划分部门职责权限,以确定组织管理的基本模式,实现人力资源战略和企业经营战略的有机结合,成为组织经营的发展伙伴等。

2.管理专家

管理专家突出人力资源管理者和部门负责人力资源管理制度和政策的设计及执行,并据此承担相应的职能活动,包括人力资源规划、招聘录用、培训与开发、绩效管理、薪酬管理等,以专业的视角构建适合组织发展的人力资源管理体系,并对直线部门的管理者开展人力资源管理的指导、咨询和服务。

3.员工激励者

员工是组织运营的主体,人力资源管理者和部门要通过各种激励方案和制度的设计,反映员工的基本诉求,为员工提供组织支持,包括员工关系、劳动关系、薪酬福利、安全和健康等方面。

4.变革推动者

组织变革常常伴随着结构和人员的变动以及政策的调整。变革推动者角色要求人力资源管理者和部门要成为变革的发动者和推进者,积极参与到战略的制定和调整、变革方案的制定和实施等工作中去,借助组织设计、人员安置、绩效管理和培训开发等工作,努力降低员工对变革的抵制,调节员工的消极心态,降低变革为组织带来的风险。

（三）人力资源管理者和人力资源管理部门的责任

到目前为止,大多数组织都设有人力资源管理部门和专业人员。然而,并非只由人力资源管理者和部门承担组织的人力资源管理实践责任,需要由人力资源专业人员和一线管理者们共同承担。

人力资源管理不只是人力资源管理部门的工作,而是全体管理者的职责。部门管理者有责任记录、指导、支持、激励与合理评价下属人员的工作,负有帮助下属人员成长的责任。下属人员才干的发挥与对优秀人才的举荐,是影响管理者的升迁与人事待遇的重要因素。

现代组织中,人力资源管理需要所有部门和管理者的共同配合才能得到落实,真正发挥作用。因此,所有的管理者都承担了人力资源管理的责任。

从组织角度出发,人力资源管理部门和其他部门在履行人力资源管理责任方面存在着对应的关系。首先,制度制定和制度执行的关系。人力资源管理部门负责制定相关人力资源管理的制度和政策,其他部门则贯彻执行。其次,监控审核与执行申报的关系。人力资源管理部门要对其他部门的人力资源管理制度和政策的执行情况进行监控和指导,发现问题及时处理,以确保制度政策的有效执行。其他部门则要执行相关制度和政策,并就发现的情况和信息及时反馈。最后,提供服务和请求支持的关系。人力资源管理部门要及时为其他部门提供人力资源服务和支持,满足其他部门的需要,从而确保人力资源管理工作的正常开展。

二、人力资源管理环境

环境是指与组织活动有关的各种内外部因素的组合,包括以大气、水、土壤、植物、动物、微生物等为内容的自然物质因素,还包括以观念、制度、行为准则等为内容的非物质社会因素。从组织角度出发,环境指组织界限以外的一切事物,不仅包括组织外部的资源条件等制约因素,还包括组织内部的结构及运营状况。

人力资源管理环境是指对人力资源管理活动产生影响的各种因素的集合。了解人力资源管理的环境,有助于实现人力资源管理决策和活动与环境的和谐统一,以便更好地实现人力资源管理的目标。因此,环境分析成为组织战略决策的前提,为人力资源管理的实践提供行动依据。人力资源管理管理环境主要可以分为外部环境和内部环境两方面:

（一）人力资源管理的外部环境

外部环境是指在组织系统之外能够对人力资源管理环境产生影响的各种因素的集合。一般来说,可以从政治因素、经济因素、科技因素、法律因素、文化因素、劳动力市场因素等方面来分析。

1. 政治因素

政治环境是特定地区政治主体从事政治活动所带来的各种现象和条件的总和。稳定的政治环境十分有利于组织正常管理活动的开展。

2. 经济因素

经济环境是指组织面临的社会经济条件，其运行状况和发展趋势会直接或间接地对组织开展的各项活动产生影响，包括社会经济条件及其运行状况、发展趋势、产业结构、交通运输、资源配置等情况，是制约组织生存和发展的重要因素。市场经济条件下，经济发展状态会影响人力资源管理活动的开展。如市场活跃，对人力资源的需求就会上升，劳动力市场价格相应地上升，组织获得人力资源的就必须付出更高的成本，从而影响人力资源的有效使用。

3. 科技因素

科学技术环境是科学技术的进步以及新技术手段的应用对社会发展及组织运营所产生的作用和集合。随着科技发展带来的岗位需求提升，对员工的知识和能力的要求也相应地提高。人力资源管理必须不断满足科技发展给组织带来的新变化和新要求，及时有效地提供人力资源支持。科学技术的发展也为人力资源管理技术的更新提供了新的工具。现代通信技术的发展改变了人们的沟通方式，极大地提升了人力资源管理的效率。

4. 法律因素

法律环境主要是法律意识形态及其与之相适应的法律规范、法律制度、法律组织机构、法律设施所形成的有机整体。受到法律调整的社会关系的影响，人力资源管理活动也必然受到相关法律法规的约束和限制。我国颁布的《中华人民共和国劳动法》《中华人民共和国劳动合同法》等一系列法律法规为组织开展人力资源管理进行最基本的行为规范，有利于保障组织和员工个人双方的权利义务。

5. 文化因素

广义的文化指人类在社会历史发展过程中所创造的物质财富和精神财富的总和；狭义的文化特指、风俗习惯、道德情操、学术思想、文学艺术、科学技术、各种制度等。例如两个国家的企业完全不同的人力资源管理模式可以充分地反映出两者文化的差异。

6. 劳动力市场因素

劳动力市场的发展给人力资源的获取和流动提供平台。随着市场的不断变化，劳动力的有效供给、特定人才短缺引发的人才价格的变化、生活水平提高带来的人工成本上升、竞争对手薪酬福利改变等都将影响到组织人力资源管理决策，对招聘录用、辞退解聘、人才流动等人力资源活动形成外在的制约和限制。

（二）人力资源管理的内部环境

内部环境是指组织系统中能够对人力资源管理活动产生影响的各种因素的总和。人力资源是组织维持正常活动必不可少的重要资源，人力资源管理贯穿于组织运营的方方面面。组织的内部因素包括组织战略、资源状况、组织结构、管理制度、组织文化等方面，直接影响人力资源管理活动的开展。

1. 组织战略

组织战略是组织对全局性、长远性、纲领性目标的谋划和决策,是为适应未来环境的变化、寻求生存发展的重大决策。人力资源管理作为组织系统的重要组成部分,必须服从组织战略,服务于组织长远发展,才能真正发挥人力资源的作用。当组织处于不同的发展时期,战略选择对人力资源的需求不同,导致人力资源管理职能的重点不同。

2. 资源状况

资源是财富创造的来源。组织开展正常运营需要各种资源的支持,包括自然资源和社会资源。人、财、物、时间和信息等资源的分布状况和稀缺性都会影响组织正常活动的开展,从而影响人力资源管理工作的效率。

3. 组织结构

组织结构是组织成员为实现组织战略目标,在职务范围、责任、权力等方面所形成的结构体系。组织结构决定了组织中人力资源的配置布局,形成分工与协作的关系,随着组织的战略调整和发展,组织结构也会相应地调整。

4. 管理制度

管理制度是企业组织和管理制度的总称,是对企业管理活动的制度安排。人力资源管理制度和政策是企业管理制度的重要组成部分,借助有效的人力资源管理活动,配合组织变革,强化组织管理的效果。

5. 组织文化

组织文化是在一定的条件下,组织逐渐发展并形成的精神财富的集合,包括文化观念、价值观念、企业精神、道德规范、行为准则、历史传统、企业制度、文化环境等。组织文化对组织成员的行为和态度均将产生持久和深远的影响,影响组织对人力资源管理模式的选择、制度和政策的设计。

适者生存理论认为,不是最强壮、最有权力的会活下来,而是那些最能适应环境改变的会赢得生存。社会发展和科技进步致使组织外部环境和内容条件发生了重大的变化,动态和不确定因素都在不断增加,导致组织面临着前所未有的挑战。人力资源管理必须充分认识环境的重要性,才能更好地面对环境变化给人力资源管理实践带来的机遇和挑战。

第四节　多维视角下人力资源管理的发展趋势

一、中国的人力资源管理发展历史

改革开放以来,中国经济、社会等各个方面都实现了空前的发展,人力资源管理更是经历了从计划经济体制下的劳动人事管理向现代人力资源管理的转变。尤其是进入21世纪以来,"以人为本""人才资源是第一资源"等理念已成共识,作为国家竞争力来源的人力资源已上升至国家战略层面的高度。中国人力资源管理的发展经历了理念导入、实践探索、系统深化的过程。20世纪80年代前期，中国基本处于传统计划经济体制下的"劳动人事管理"阶段。从80年代中后期开始，"人力资源管理"的基本理念被逐步引入中国，但人力资源管理实践尚未大规模地应用，这与当时中国社会经济管理体制改革的情况基本一致。到了20世纪90年代中后期，全社会已经意识到人力资源管理需要不断改革和发展创新，人力资源管理实践在中国开始得到普遍运用，但当时企业管理体制和劳动力市场经济体制的改革尚不能够有力地支持现代人力资源管理制度规章的建立和健全。进入21世纪后，随着外部环境的重大变革，人力资源管理改革进一步深化，正朝着国际化、市场化、职业化、知识化的方向发展。

（一）人力资源管理理念的导入期

在80年代中期的中国，大众对"人力资源管理"一词非常陌生，甚至误以为"人力资源管理"就等同于"人事管理"，此时对人员的管理仍属于计划经济体制下的行政命令式管理。当时，劳动者只是生产关系的主体，而非和土地、资本等其他资源一样被看作是生产力的基本要素。人们对人力资源管理的认识仍停留在员工只是管理和控制的工具这种固有观念上，人事管理部门的工作仅仅是如人事考核、工资发放、人事档案管理等日常的事务性工作。用工管理主要依靠行政调配的方式，工作岗位缺乏有效的考核、劳动合同的执行流于形式，缺乏有效的激励作用和竞争性用人机制。

（二）人力资源管理的探索期

20世纪90年代中期开始，中国开始探索人力资源管理在实践中的运用，人力资源管理实践已开始应用到企业和政府的人事管理工作中。越来越多的企业开始试图从招聘、培训、绩效考核、薪酬管理等方面完善人力资源管理的各项职能，人力资源管理的各项专业技术也有一定程度的提高。尤其是部分企业通过实施年薪制加大了对企业家激励的力度，强化企业家经营行为的约束，并且在一定程度上限定企业家年薪收入的范围。而对于一般员工已基本实现基于绩效的付酬。然而，此一阶段企业薪酬制度的改革还主要停留在分配方式改革的层面上，真正的薪酬管理体系还没有完善建立，企业薪酬管理的依据和基础还不明确，岗位分析、绩效考核体系、薪酬体系还没有系统建立起来。需要指出的是，由于市场发育程度不高，这一时期人力资源管理存在许多弊端。如，模糊的企业产权制度导致企业内部管理权责不明确，国有企业内部管理机制的行政化和干部化，专业化的人力资源市场管理机制尚未建立等问题。

（三）人力资源管理的系统深化期

20世纪90年代末至今，人力资源管理改革得到了系统性的深化，国家对人力资源管理的重视程度日益提高。企业对人力资源管理的认识已经发生本质变化，人力资源的管理与开发水平大为提高。此阶段，中国劳动力市场发育较为充分，劳动法律逐步健全；政府人力资源管理水平提高，企业拥有了用人自主权，越来越重视人力资源管理实践。人力资源管理已经成为企业管理的重要内容，人力资源管理部门的职能正在由传统的人事行政管理职能转变为战略性人力资源管理职能,人力资源管理部门成为企业发展战略的参谋部、执行部和支持部。随着基础管理模式的深刻变革以及人力资源作为核心资源地位的确立,以人为本的思想得到了广泛的认同。在此背景下,以人才测评、绩效评估和薪资激励制度为核心的人力资源管理模型得以确立。

二、人力资源管理的未来发展趋势

(一)人力资源管理的全球化

现如今企业竞争领域扩展到全球,越来越多的企业已经实现了全球化。组织的全球化必然要求人力资源管理策略的全球化。企业的人力资源管理全球化要求企业具有全球化思维、具有创新意识等特点。首先,具有全球化人力资源管理的理念,企业进入全球化已经成为趋势,面对的已经是无国界的人力资源市场,所以要以全球的视野来选拔人才,看待人才的流动;其次,人才市场竞争的全球化,全球化的人才交流市场已经出现,并将成为一种主要形式,人才的价值就不仅仅是在一个区域市场内体现,而更多的是按照国际市场的要求来看待;最后,人力资源管理对象的全球化,企业的全球化布局由全球范围内的人力资源保证,人力资源管理的对象由一国为主扩展到全球,全球化人力资源管理涉及不同文化背景、不同种族、不同地域、不同信仰的员工的管理,以及并购过程中不同的劳动制度、不同的人力资源管理制度、不同的企业文化的整合管理。

(二)人力资源管理的虚拟化

信息化时代和低碳经济时代使得家庭办公、网络办公、协同工作等工作方式逐渐流行,对应的人力资源管理虚拟化也成为一种趋势。信息化时代的人力资源管理借助计算机和网络工作,一方面将事务性管理活动虚拟化,比如人力资源信息管理、薪酬与福利管理、考勤管理等;另一方面将常规性管理活动虚拟化,比如网络招聘、网络培训、网络学习、网络考评、网络沟通等。未来人力资源信息化管理将在系统整合的基础上实现自上而下的战略性人力资源管理的信息化,即 EHR(Electrontic Human Resource)。EHR 不仅能够极大地降低管理成本,提高管理效率,更重要的是能够提升管理活动的价值,它能够使人力资源管理者从低价值的事务性工作中解脱出来,投入更多的时间和精力从事高价值的战略性人力资源管理活动。

(三)人力资源管理的职业化

人力资源管理已经成为一种职业,在全球正朝向更为职业化与专业化的方向发展。中国推出了注册人力资源管理师和企业人力资源管理师国家职业标准。高校开设了人力资源管理本科专业以及人力资源管理硕士和博士学位授予点。人力资源管理的专业化培养在中国逐渐形成。人力资源专业与其他任何专业一样,有成熟的知识结构体系以及对行为解释的规范和准则,人力资源职业中更有胜任力的从业人员人数将会大大增加,未来将不会再有非人力资源管理专业且只靠管理经验的人力资源从业者的存在和发展空间。组织面临的来自全球市场的激烈竞争使传统的人力资源部门面临重新思考、重新定义和重新认识自身角色的巨大压力。人力资源管理人员担负了更重要的使命,如为企业塑造领导标杆、创造企业能力、加强知识的可推广、推动科技发展等,最终为企业创造价值。

(四)人力资源价值链管理

人力资源管理的核心是如何通过价值链的管理,来促进人力资本价值的实现及其价值的增值。人力资源价值链是指人力资源在企业中的价值发现、价值创造、价值评价和价值分配一体化的环节。价值链本身就是对人才激励和创新的过程,人力资源管理通过组织战略和人力资源战略的准确定位,构建以核心人才为主的竞争优势,打造核心竞争力,为组织创造价值。价值链管理由此成为未来人力资源管理的发展趋势。价值发现建立在清晰的人力资源战略规划流程的基础上,将人力资源管理投资与组织业务目标有效结合起来,营造人力资源的独特优势,发掘人力资源管理的战略价值;价值创造就是要营建出良好的人力资源环境,以实现价值创造,这一目标需要借助职位分析和设计、员工调配、培训与开发、员工激励等职能活动来实现;价值评价问题是人力资源管理的核心问题,其内容是指通过价值评价体系及评价机制的确定,使人才的贡献得到承认,使真正优秀的、企业所需要的人才脱颖而出,使企业形成凭能力和业绩吃饭,而不是凭政治技巧吃饭的人力资源管理机制;价值分配是通过价值分配体系的建立,满足员工的需求,从而有效地激励员工,这就需要提供多元的价值分配形式,包括职权、机会、工资、奖金、福利、股权的分配等。

(五)流程化人力资源管理

流程管理包括两个方面:一是人力资源管理的流程化,二是适应流程优化的人力资源管理模式。人力资源管理的流程化体现为在有效管理组织的同时,实现人力资源管理程序的标准化,确保每位员工都受到相同而公平的对待。几乎每一道人力资源流程都牵涉组织内至少一个其他部门的经理与员工的参与。例如,招聘新员工并让他准备就绪开始工作,其中包括完成所有人力资源部门所要求的必要文件;新员工需要的设备完善的办公室,包括能够使用的计算机网络与电子邮件账号。这些安排都必须在员工入职日与员工开始上班期间准备就绪,这些问题都可以靠流程自动化来解决。人力资源管理流程化的实质是适应企业面临的各种环境,对人力资源管理的职能进行程序化运作。

(六)突显人力资源管理的战略地位

在新经济时代和创业经济时代,知识型人才成为企业重要的战略资源。人力资源真正成为企业的战略性资源,人力资源管理对于企业来说也将会变得越来越重要,人力资源管理要为企业战略目标的实现承担责任。战略人力资源管理需要跨界思维,应逐渐由传统的"职能事务性"向"职能战略性"转变,从作业性、行政性事务中解放出来,转变为关心组织发展和管理者能力的战略角色并站在越来越战略性的角度来规划人力资源,引导人力资源行为,管理人力资源活动,不断碰触和影响企业战略,成为战略伙伴和变革推动者。

(七)人力资源管理的客户价值导向

员工就是企业的客户,企业人力资源管理的新职能就是向员工提供持续客户化的人力资源产品和服务,人力资源视员工为客户服务对象。新经济时代,企业要以新的思维来对待员工,要以营销的视角来开发组织中的人力资源。从某种意义来说,人力资源管理也是一种营销工作,即企业要站在员工需求的角度,通过提供令顾客满意的人力资源产品与服务来吸纳、留住、激励、开发企业所需要的人才。人力资源管理者要扮演工程师＋销售员＋客户经理的角色。人力资源管理者一方面要具有专业的知识与技能,另一方面要具有向管理者及员工推销人力资源产品与服务方案的技能。人力资源经理也是客户经理,向企业员工提供人力资源产品与服务。

（八）向人力资源外包方向发展

人力资源外包主要是指企业根据自身人力资源管理特点,逐步将一些事务性的工作,如重复度高的、没有涉及企业核心机密的人力资源工作外包给其他相应的专业性机构组织,并对其支付服务报酬。这也是企业人力资源部门在社会里自身角色定位变化后所发生的改变。对于一般企业来讲,企业人力资源外包主要有企业培训外包、企业福利津贴外包、企业招聘外包等方面。这种方式可以让企业集中自身优势特点做自身的核心业务,使人力资源发挥最大效用;可以相对减少企业人力资源成本开支,缩小企业管理机构组织;可以让优秀的员工长期留下来,和企业一起向前发展。

第二章　多维视角下工作分析与工作设计

第一节　工作分析的内涵

一、工作分析的基本含义

(一)工作

狭义的工作,是指在一段时间内为达到某一目的的活动,即任务(Task),例如在工作描述中,工作是个人从事的一系列专门任务的总和。广义的工作是指个人在组织里面全部角色的总和,包括其职业发展通道。本章以广义的工作作为基本命题。

从组织的角度看,工作的含义如下。

1. 工作是组织最基本的活动单元

一座大厦是由一砖一瓦砌成,一个组织也是由一个一个工作构成。工作是组织最基本、也是最小的结构单元,它是组织中最小的相对独立体(当然,组织中最小单元受组织的技术结构、分工结构和管理结构的影响)。每一个工作,从本质上讲是不同的,它们具有支撑组织有效达到目标的不同的功能。

2. 工作是相对独立的责—权统一体

工作不仅仅是系统相互联系的任务组合,同时它也是一个相对独立的责任与权利的集合体。责任和权利来自组织的授予,而这种授予是为顺利履行工作所必需的。因此,工作是任务、责任和权利的统一体。完成任务是履行组织所授予的职责,而权利是履行职责的组织保障。

3. 工作是同类岗位(职位)的总称

严格地讲,工作相当于职务,岗位相当于职位。但是,在我国工作与岗位、职务与职位往往纠缠在一起分不清楚。工作(或职务)是同种岗位(或职位)的总称。一般来说,工作的设计是逻辑分组和同类性分组的产物,因此,在组织中没有相同的工作。但是,工作存在类似的状态。如果一个组织结构复杂而且庞大,分工的细化程度就高,工作的类似性程度也就高;然而,在一个小型(或者组织边界不清晰)的组织中,工作的类似性程度就低。有时,为了便于管理,我们常把相似性工作作为一个族来进行管理。

4. 工作是部门、业务组成和组织划分的信息基础

组织的划分与部门业务的分割,往往是以工作的信息为基础的。严格地说,工作是从组

织中分解出来的,但是它一旦分解出来便成为组织管理的基础。部门的职责是由具体的工作支持的,业务的划分也是以流程的逻辑相关性或活动的同类性为基础的。所以,工作分析所提取的信息,不仅是管理工作的重要基础,也是管理组织的重要基础。

5. 工作是人进入组织的中介

由于工业化的发展,人们脱离了生产资料,因而导致人不再具有与生俱来的就业权利。人是通过工作的中介进入组织的。这就是我们经常说的:为事求人而不是因人设事。传统产业中,人进入组织是需要履行工作职责的,因此对进入组织中的人是有要求的。这些要求(即能力与经验)是履行工作职责所必需的。当然,这种工业化的思考就是标准化,以其不变的工作来管理变化的人(具有市场化、流动的人)。

6. 工作与组织的相互支持

组织目标是工作分解的基础,工作是构成组织的最小单元。当组织发生变革的时候,工作的分配也将发生改变;同时,随着工作过程的改变、工艺流程的改变、工作熟练程度的提升等,工作的内涵和外延都会发生变化,而这种变化最终会导致组织分工方式和管理方式的改变。

(二)工作分析

工作分析是工作信息提取的情报手段,通过工作分析提供有关工作的全面信息,以便对组织进行有效的管理。

从组织角度来说,工作分析是为一系列组织和管理职能提供信息基础的工具。工作是组织中的最小单元,它是将员工联系在组织中的纽带。工作分析应该是一个在组织中持续进行的组织行为,以分析、综合并传播与组织设计、人力资源管理以及其他管理工作相关的工作信息,维系和发展组织系统。这里应当注意的是,工作分析是维持和发展组织的管理活动,从这个意义上看,工作分析具有战略管理的价值。

从人力资源管理的角度来说,工作分析为组织的人员甄选、员工培训与开发、薪酬设计、劳工关系、工作设计等一系列基础职能活动提供支持。工作分析识别出哪些能力要求对于员工成功完成工作任务是有价值的,还能识别出激励员工的报酬因素,并满足重要员工的需求。

综上所述,工作分析就是采用一定的技术方法,对目标工作的性质、特点等进行综合分析,从而为企业管理尤其是人力资源管理提供基础信息,涉及工作的任务与职责、工作环境以及工作者的任职资格等方面。

二、工作分析的作用和地位

(一)工作分析在战略与组织管理中的作用

现代企业的人力资源管理的发展,从整体上看主要表现出两个方面的趋势:一方面是强调人力资源管理的战略导向；另一方面是强调人力资源管理各功能模块的系统组合。工作分析在上述两个趋势中都扮演着关键性的角色。对于前者，工作分析是从战略、组织、流程向人力资源管理职能过渡的桥梁；对于后者，工作分析是对人力资源管理系统内在各功能模块进行整合的基础和前提。正是由于工作分析在组织与人力资源管理中这种关键性的角色，使其得以在发达国家企业的人力资源管理中至今仍起着不可替代的基础性作用；对于我国企业而言，工作分析是探索现代化管理之路的重要环节。

(二)工作分析在人力资源管理中的作用

工作分析是科学人力资源管理体系的基石和信息平台，它对人力资源管理的其他活动起着支持作用。工作分析在人力资源管理中的作用主要体现在以下几个方面。

1. 为人力资源规划提供必要的信息

人力资源规划的核心过程是对现有人力资源进行盘点的过程，是对人员在组织内部和流入、流出组织的行为进行预测并做出相应准备的过程。通过科学的工作分析，可以对企业内部各个职位的工作量进行科学的分析判断，从而为职位的增减提供必要的信息。此外，工作分析对各个职位任职资格的要求也有助于企业进行人力资源的内部供给预测。一个组织有多少岗位、这些岗位目前的人员配备能否达到工作要求、今后几年内工作将发生哪些变化、单位的人员结构应做什么相应的调整、几年甚至几十年内人员增减的趋势如何、后备人员的素质应达到什么水平等问题，都可以依据工作分析的结果做出适当的处理和安排。

2. 为招聘、录用员工提供明确的标准

工作分析所形成的工作说明书里已经确定了这个岗位的任职条件，任职条件是招聘工作的基础。招聘工作需要依照任职条件来挑选人员，不满足任职条件的人不能用。如果组织一定要用也只能降格使用，例如，工资等级要下降，或是职务级别要略微下降。工作说明书将作为员工录用以后签订的劳动合同的附件。企业决定录用员工后，这名员工应该承担什么样的责任，以及要负责到何种程度，这些问题事先在职位说明书里约定好，企业不需要对员工重复说明。

3. 为人员培训开发提供详细的内容

工作分析所形成的工作说明书对各个职位的工作内容和任职资格都做了明确规定，因此，员工被录用以后，工作说明书可以作为入职培训的教材。通过工作说明书的要求，对员工进行上岗前的培训，让他们了解自己的工作。还可以根据员工与任职资格要求的差距进行相应的培训，以提高员工与职位的匹配程度。

4. 为绩效考核提供有效的帮助

绩效考核体系是指一套正式的结构化的制度，用来衡量、评价并影响与员工工作有关的特性、行为和结果，考察员工的实际绩效。绩效考核制度设计的关键在于绩效考评效标的设计，即评价员工绩效的指标和标准的设计。这些效标都要从工作分析活动结果中获取，如从职位职责中提取结果性效标,衡量员工完成哪些工作任务或产生哪些产品,从职位任职资格中提取特征性效标。通过科学的工作分析,每一职位从事的工作以及所要达到的标准都有了明确的界定,这就为绩效考核提供了明确的标准,减少了评价的主观因素,提高了考核的效率。

5.为薪酬管理提供公平的依据

薪酬体系的建立过程是通过对工作分析所提供职位的复杂程度、难度、责任大小以及任职资格中学历、资历、经验、技巧等内容进行综合评定,获得有效的职位评价从而形成职位分类和职位等级表,并在此基础上建立基于职位的薪酬体系。由此可见,薪酬体系建立所需基础信息都来自工作分析。通过科学的工作分析,可优化企业内部的工资结构,提高报酬的内部公平性。报酬通常都是同工作的复杂性、职责大小、工作本身的难度,以及工作要求的任职资格等联系在一起的,而所有这些因素都必须通过工作分析才能得到确定。

6.为员工职业生涯管理提供实质的指导

通过科学的工作分析形成各项工作的基本规范,从而为员工职业生涯的发展提供指引。它一方面为人力资源管理部门提供同类职位间工作内容知识、技能、经验等方面的内在相关性,从而为人力资源管理人员设计员工职业生涯成长通道提供依据;另一方面,帮助员工掌握自身成长通道上相关职位的任职要求,从而为他们有针对性地提供学习、实践、提高自身能力的指导。

第二节 多维视角下的工作分析

一、通用的工作分析方法

(一)访谈法

访谈法是目前在国内企业中运用最广泛、最成熟、最有效的职位分析方法。访谈法又称为面谈法,是指工作分析员就某项工作,面对面地询问任职者及其主管以及专家等对工作的意见或看法。

访谈法可以对任职者的工作态度和工作动机等深层次内容进行详细的了解,通过该方法收集的信息不仅是工作分析的基础,而且可以为其他工作分析方法提供资料,例如通过访谈法获取的信息有助于开发工作分析问卷。访谈法是目前在国内企业中运用最广泛、最成熟并且最有效的工作分析方法;它是唯一适用于各类工作的方法,而且是对中高层管理职位实施工作分析效果最好的方法;访谈还能够促使任职者对工作进行系统性的思考、总结与提炼。访谈法既适用于短时间可以把握的生理特征的分析,又适用于长时间才能把握的心理特征的分析。

按照结构化程度划分,访谈法可分为结构化访谈和非结构化访谈。通过结构化访谈,能够收集全面的信息,但不利于任职者进行发散性思维;通过非结构化访谈,可以根据实际情况灵活地收集工作信息,但信息缺乏完备性。在实际中,往往两者结合使用。访谈法的形式,主要有个别访谈和集体访谈两种。集体访谈的对象一般是做相同工作或相近工作的员工。访谈中涉及的问题较多,为了避免遗漏,保证质量,最好事先拟定一份详细的访谈问卷或访谈提纲。一般来说,记录应取标准的形式,这样便于记录、归纳与比较,并有助于将访谈限制在与工作有关的范围内。

(二)问卷法

问卷法是职位分析中广泛运用的方法之一,它是以书面的形式、通过任职者或其他职位相关人员单方面传递来实现的职位信息收集方式。在实际中,职位分析专家开发出大量不同形式、不同导向的问卷,以满足职位分析不同的需要。问卷调查法收集信息完整、系统,操作简单、经济,可在事先建立的分析模型的指导下展开,因此几乎所有的结构化职位分析方法在信息收集阶段均可采用问卷调查的形式。

职位分析问卷主要分为定量结构化问卷和非结构化问卷。定量结构化问卷是在相应理论模型和假设前提下,按照结构化的要求设计的相对稳定的职位分析问卷,一般用封闭式问题,问卷遵循严格的逻辑体系,分析结果可通过对信息的统计分析加以量化,形成对职位的量化描述或评价;定量结构化问卷最大的优势在于问卷一般经过大量的实证检验,具有较高的信度与效度,便于职位之间的相互比较。非结构化问卷是目前国内使用较多的职位分析问卷形式,其特点在于能对职位信息进行全面、完整的调查收集,适用范围广泛,能根据不同的组织性质、特征进行个性化设计。与定量结构化的问卷相比,非结构化问卷存在精度不够、随意性强、与分析师主观因素高度相关等缺陷,但是非结构化问卷也有适应性强、灵活高效等优势。非结构化问卷不仅是一种信息收集工具,而且包含了任职者和职位分析师信息加工过程,因而其分析过程更具互动性、分析结果更具智能性。

(三)观察法

观察法是指工作分析人员直接到工作现场,针对特定对象的作业活动进行观察、收集、记录有关工作信息,并进行分析和归纳总结的方法。前面介绍了访谈法和问卷法等工作分析方法,虽然它们都可以有效地收集工作岗位方面的信息,但存在明显的弱点:不能收集任职者从事岗位工作的细节信息。有时一些有经验的员工并不总是能够很好地完成自己的工作程序,许多工作行为已成为习惯,在实际工作中会不自觉地忽视工作程序中的一些细节。因此,研究者们主张用观察法对工作人员的工作过程进行观察,记录工作行为各方面的特点;同时,也能够了解工作中所使用的工具设备,了解工作程序、工作环境和体力消耗等。观察时可以用笔记录,也可以用事先准备好的观察项目表,一边观察一边核对。

观察前先进行访谈有利于观察工作的进行。一方面它有利于把握观察的大体框架;另一方面它使双方相互有所了解,建立一定的合作关系,使随后的观察更加自然、顺利地进行。观察法主要适用于周期性、重复性较强的工作,分为直接观察法、自我观察法(工作日志)和工作参与法三种。

观察法的结构化程度是指观察过程、记录方式、结果整理等环节在多大程度上得以事先确定和统一。按照结构化程度,观察法可以分为结构化观察法和非结构化观察法。结构化观察法,需要在现有理论模型和对与职位相关的资料进行分析整理的基础上,针对目标职位的特点开发个性化的观察分析指南,对观察过程进行详细规范,严密掌握观察分析的全过程;非结构化观察法,只需根据观察的目标定位所要收集的信息进行观察,方式灵活,国内经常使用该种方法。

(四)工作日志法

工作日志法是要求任职者在一段时间内实时记录自己每天发生的工作,按工作日的时间记录下自己工作的实际内容,形成某一工作岗位一段时间以来发生的工作活动的全景描述,使工作分析员能根据工作日志的内容对工作进行分析。工作日志法的主要用途是作为原始工作信息搜集方法,为其他工作分析方法提供信息支持,特别是在缺乏工作文献时,日志法的优势尤为明显。

(五)文献分析法

文献分析法是一项经济且有效的信息收集方法,它是指通过对与工作相关的现有文献进行系统性的分析来获取工作信息。由于它是对现有资料的分析提炼、总结加工,通过文献分析法无法弥补与原有资料的空缺,也无法验证原因描述的真伪,因此文献分析法一般用于收集工作的原始信息,编制任务清单初稿。

(六)主题专家会议法

主题专家会议法是指熟悉目标职位的组织内部人员和外部人员就目标职位的相关信息展开讨论,收集数据,验证并确认分析结果。主题专家会议的成员主要包括内部成员和外部成员,内部成员是指任职者、直接上级、曾经任职者、内部客户、其他熟悉目标职位的人;外部成员是指咨询专家、外部客户、其他组织标杆职位任职者。

主题专家会议法在整个组织的管理过程中有着极其广泛的用途,比如德尔菲法等。在工作分析中,主题专家会议法主要用于建立培训开发规划、评价工作描述、讨论任职者的绩效水平、分析工作任务,以及进行工作设计等。

二、以人为基础的系统性职位分析方法

(一)职位分析问卷法

职位分析问卷法(Postion Analysis Questionaire,PAQ)是一项基于计算机的、以人为基础的系统性职位分析的方法。经过多年实践的验证和修正,PAQ法已成为使用较为广泛的

有相当信度的职位分析方法。

PAQ研究设计者最初的设计理念主要有以下两点：开发一种通用的、以统计分析为基础的方法来建立某职位的能力模型，以淘汰传统的测验评价方法；运用统计推理的方法进行职位间的评价，以确定相对报酬。此后，在PAQ的运用中，研究者发现PAQ提供的数据同样可以作为其他人力资源功能板块的信息基础，例如工作分类、入职匹配、工作设计、职业生涯规划、培训、绩效测评以及职业咨询等。这些运用范围的扩展，表明PAQ可以运用于建设企业职位信息库，以整合基于战略的人力资源信息系统。

（二）管理职位分析问卷法

在现代企业组织中，管理职位因其工作活动的复杂性、多样性和内在性，给职位分析带来极大的困难。管理职位分析问卷法（Management Position Description Questionaire, MPDQ）是一种结构化的、以工作为基础、以管理型职位为分析对象的职位分析方法。MPDQ主要收集、评价与管理职位相关的活动、联系、决策、人际交往、能力要求等方面的信息数据，通过特定的计算机程序加以分析，有针对性地制作各种与工作相关的个性化信息报表，最终为人力资源管理的各个职能板块——工作描述、职位评价、人员甄选、培训开发、绩效考核、薪酬设计等提供信息支持。

（三）工作要素法

工作要素法（Job Element Method, JEM）是一种典型的开放式人员导向型工作分析系统，这种工作分析方法是由美国人事管理事务处研究并开发出来的。这种基于工作要素的工作分析系统的提出，建立在德国心理学家冯特所倡导的基本原则的基础上，即"在没有熟悉最简单的事物之前，我们不可能进一步了解到更复杂的现象"。对于工作本身来说，其最简单的方面就是组成该工作的各种要素或者成功完成该工作所需具备的人员特征。工作要素法的目的就在于确定对成功完成特定领域的工作有显著作用的行为。在这里，将由一组专家级的任职者或其上级来对这些显著要素进行确定、描述和评估，通常将这种由专家级任职者或者任职者的上级组成的小组称为主题专家组。通常情况下，工作要素法的分析对象不是某一具体的工作岗位，而是某一类具有相似特征的工作，如专业技术人员的工作就是一类具有相似特征的工作。

作为一种典型的开放式工作分析系统，工作要素法的开放性就在于它所研究的行为或行为的特征要素与其他工作分析系统所研究的行为或行为的特征要素有所不同。工作要素法研究的行为及其特征要素是由对所分析的工作非常熟悉的一组专家级任职者或其直接上级，即主题专家组来确定的。

工作要素法所关注的工作要素非常广泛，包括知识、技术、能力、愿望、兴趣和个性特征等。这些工作要素通过任职者、同事、直接上级和其他主题专家来收集并确定。有一点要注意，工作要素法并不包括任何与具体工作任务相关的信息。

(四)临界特质分析系统

临界特质分析系统是完全以个人特征为导向的工作分析系统。它的设计目的是提供标准化的信息以辨别人们为基本完成和高效完成某类工作,分别至少需要具备哪些品质、特征,临界特质分析系统称这些品质和特征为临界特质。对于临界特质分析系统而言,人的特质可以分为两大类:能力因素和态度因素。其中,身体特质、智力特质和学识特质属于能力特质,而动机特质和社交特质属于态度特质。

第三节 工作设计的基础认知

一、工作设计的概念

有人把工作设计看作一种艺术,因为它让人与工作相匹配,从而使人们的终生兴趣得以实现。所谓工作设计,是指为了有效达到组织目标,通过对工作内容、工作职责、工作关系等有关方面进行变革和设计,满足员工与工作有关的要求,最终提高工作绩效的一种管理方法。

工作设计是将组织的任务组合起来构成一项完整工作的方式,它确定了关于一项工作的具体内容和职责,并对该项工作的任职者所必备的工作能力、所从事的日常工作活动以及该项工作与其他工作之间的关系进行设计。为了有效实现组织目标并满足个人需要,不断提高工作绩效,需要对工作内容、职责、权限和工作关系等各方面进行分析和整合,这个过程就是工作设计。工作设计所要解决的主要问题是组织向其成员分配任务和职责的方式。从激励理论的角度来看,工作设计是对组织内在奖酬的设计。激励理论认为,在员工需求达到马斯洛需求的较高层次时,他们的工作积极性主要来自与工作本身相关的因素。因此,工作设计是否得当对激发员工的工作动机,增强员工的工作满意度以及提高生产率都有重大影响。

工作设计一般可以分为两类:一是对企业中新设置的工作或者是新企业建立所需要进行的工作设计;二是对已经存在的但缺乏激励效应或者工作任务发生变化的工作进行重新设计。例如,一个现存的企业可能由于员工价值在工作中得不到体现,影响士气而需要工作再设计,或者由于工作负担增加了,而工作小组中的人员规模却减少了而需要重新对工作进行设计。

具体到实际工作,有的工作是常规性的,其任务是标准化和经常重复的;有的工作是非常规性的,其任务是非标准化和多变的;有的工作限定员工要遵循非常严格的程序和流程,有的工作给予员工充分的自由空间;有的工作要求复杂和多样的技能,有的工作只需要基本的特殊的技能;有的工作让个人来完成可取得更好的效果,有的工作只有团队合作才能做得更好。正因为工作的性质和种类过于繁复，所以工作设计的详略、内容等有相应的有所差异。但有一点是不变的，那就是工作设计要通过对工作和员工的各种合理性需求进行分析，对工作进行有意识的设计和安排，综合组织对工作的设想和规划，以及对员工技能、偏好和水平等的要求和期待，从而达到开发员工潜力、提高工作绩效、落实组织目标的目的。

二、工作设计的基本目的

工作设计的基本目的有以下五个。

（一）工作设计改变了员工和工作之间的基本关系

传统的管理理论往往把重点放在工作的人身上，而把工作仅仅看作是一个不可改变的固定物。工作设计则打破了这样一个传统观念，假设工作本身对员工的激励、满意度和生产率都有强烈的影响，也就是说，从某种意义而言，工作是可以改变的。

（二）改变员工的工作态度

一个人对其所从事工作的态度如何，对这项工作的结果有着关键的、根本性的影响。换言之，也就是如果任职者对其从事的工作是喜欢的、乐意的，那他就会全身心地投入，而且其思维往往是开放的、多维的，在工作中自然会形成许多创造性思维的诱发因子，从而使工作者进入一种现实和创造互为作用的理想的工作状态。

（三）使员工明确工作内容

工作内容是任何工作设计都首先必须回答的问题，做什么？怎么做？工作内容交代得越具体、越精确，就越便于操作和执行。

（四）规范员工工作行为

工作行为则是一种特殊的行为，无论哪种工作，或多或少总有一定的要求和规范，工作性质越复杂，规范的程度通常也就越高。工作设计的一个十分重要的目的，就是针对不同类型的工作要求，制定出相应的、可遵守的工作行为规范。

（五）提高员工工作绩效

对于组织来说，工作设计并不是实际目的，而只是一种手段，其最终目的就是通过工作设计，尽可能地使企业的各项工作规范化、程序化、科学化，从而提高员工工作效率，改善产品质量，以获得最佳的成果和绩效。

三、工作设计的内容

组织的工作如何安排、由谁来做、做什么、怎么做等，都要进行明确和界定，这些就构成了工作设计的内容。具体来讲，工作设计的内容主要包括以下五个方面。

（一）工作内容

确定工作的一般性质，这是关于工作范畴的问题，包括工作的种类、自主性、复杂性、难度、强度和工作完整性。

（二）工作职责

完成每项工作的基本方法和要求，包括工作责任、权限、信息沟通、工作方法和协作关系等，是关于工作本身的描述。

（三）工作关系

员工在工作中所发生的人与人之间的关系，包括同事之间的关系、上下级之间的关系、不同部门之间的关系以及组织外人员与工作相关联的关系等。

（四）工作的产出

工作的业绩和成果的产出情况，包括工作绩效和任职者的反应。前者是工作任务完成所达到的数量、质量和效率等指标，后者是指员工对工作的满意程度、出勤率和离职率等，以及组织根据工作结果对任职者所作的奖惩。

（五）工作结果的反馈

工作本身的直接反馈和来自别人对自己工作表现的间接反馈，即同级、上级、下属人员、客户等各方面的反馈信息。

一个好的工作设计可以减少单调重复性工作所带来的负面效应，而且还有利于建立整体性的工作系统；同时，它还可以充分发挥任职者的主动性和创造性，为他们提供更多的机会和条件。

四、工作设计的形式

工作设计的形式多种多样，最常见的可以归纳为三种：基于任务的工作设计、基于能力的工作设计和基于团队的工作设计。

（一）基于任务的工作设计

基于任务的工作设计，是将明确的任务目标按照工作流程的特点层层分解，并用一定形式的岗位进行落实。这种工作设计形式在工业化早期显得十分突出。这种做法的好处是岗位的工作目标和职责简单明了，易于操作，员工经过简单培训即可上岗；同时，它也便于管理者实施监督管理，在一定时期内会有很高的效率。在这种形式下，企业内部的岗位管理主要是用等级多而细的职位等级结构，员工只要在本岗位上干一定年限，考核合格就能被提级加薪。但是，这种工作设计也存在一定的不足，即该设计方式只考虑任务的要求而往往忽视员工个人的特点和需求，员工往往成为岗位的附庸。操作工在长长的流水线旁日复一日不停地重复同一种动作，时间一长，员工的积极性就会受到影响，不利于发挥员工的主动性和创造性。因此，这种工作设计的具体编制数可以根据人均劳动生产率等指标计算出来。

（二）基于能力的工作设计

基于能力的工作设计，也是将明确的工作目标按照工作流程的特点分解到具体岗位，但与基于任务的工作设计的区别在于岗位的任务种类是复合型的,职责也比较宽泛,相应的对员工的工作能力也要求更多一些。这种设计形式的好处是岗位的工作目标和职责边界比较模糊,使员工不会拘泥于某个岗位设定的职责范围,从而有更大的发挥个人能动性的空间。在这种工作设计形式下,企业内部的岗位管理常常用的是"宽带"管理,即各岗位之间的等级越来越宽泛。目前国际上很多企业内部只有6个等级,各等级内的各岗位的职责分工没有明确的界限,可以根据市场的变化来灵活调整企业内部各岗位所承担的具体任务。由于员工个人工作内容不像基于任务的工作设计那样简单明了,所以这种工作设计形式会要求赋予直接管理者更大的责任,由直接管理者对下属进行指导、监督和考评。这种设计形式的缺点是会因为员工的灵活性加大而带来工作成果的不确定性上升。同时,由于对员工的能力要求高,劳动力工资成本和培训费用也会相应增加。这种工作设计形式广泛存在于第三产业比较发达的国家,因为服务业中的许多行业高度依赖于人的能力,在这些行业中,员工的能力和工作积极性对工作任务的完成有着很大的影响力,如金融、保险、证券、咨询服务等。在这些行业中,具体岗位所承担的任务在许多情况下是不确定的,所以这种工作设计形式往往不规定一个具体的编制数,而是用一定的人力成本预算来进行控制。

(三)基于团队的工作设计

基于团队的工作设计则是一种更加市场化、客户化的设计形式。它以为客户提供服务为中心,把企业内部相关的各个岗位组合起来,形成团队进行工作。它的最大特点是能迅速回应客户、满足客户多方面的要求,同时又能克服企业内部各部门、各岗位自我封闭、各自为政的毛病。对员工来说,在一个由各种技能、各个层次的人组合起来的团队中工作,不仅可以利用集体的力量比较容易地完成任务,而且可以从中相互学到许多新的知识和技能,也能在企业内形成良好的团队协作氛围。显然,基于团队的工作设计是一种比较理想的工作设计形式。但是,这种形式对企业内部的管理、协调能力要求很高,否则容易出现管理混乱的局面。目前它的应用在国内还不够普及,更多的是在那些"项目型"公司中应用,如软件设计、咨询服务、中介服务、工程施工等。这种工作设计形式的人员确定往往是根据客户要求特点取组合的方式,在人力成本方面也往往用预算控制法。

第四节 多维视角下的工作设计

一、工作设计的原则、方法及程序

(一)工作设计的基本原则

1. 分工与协作原则

在现代化大生产条件下,分工协作是社会发展的客观要求。因此,在工作设计中要坚持分工与协作的原则,就是要做到分工合理、协作明确。对于每个部门和每个员工的工作内容、工作范围、相互关系、协作方法等都应有明确规定。根据这一原则,首先要搞好分工,解决干什么的问题,同时应注意分工的粗细要适当。一般来说,分工越细、专业化水平越高、责任越明确,工作效率就越高,但也容易出现机构增多、部门人员之间协作困难、协调工作量增加等问题;分工太粗,则机构较少、协调工作量可减轻、易于培养多面手,但是,专业化水平和效率比较低,容易产生相互推诿的现象。可以说,两者各有利弊,具体设计时要视组织结构、人员素质水平、管理难易繁简程度而定。

2. 因事设岗原则

一般来说,某一组织设置什么岗位、设置多少岗位是由该组织俱全的工作职能划分形式和总的工作任务量决定的。组织在设计某一工作岗位时,应尽可能使工作量达到饱和,使有限的劳动时间得到充分利用。如果岗位的工作量是低负荷的,那么必然会导致成本的升高,导致人力、物力和财力等方面的损失和浪费;但超负荷也不行,因为超负荷虽然能暂时带来高效率,但这种效率不可能长久得到维持,长此以往,不仅会影响员工的身心健康,还会给设备等带来不必要的损坏。

组织中任何岗位都是依赖于具体的工作职能和工作量而存在的,没有具体工作内容的岗位是空洞的岗位,也是没有意义的岗位。因此,在设置工作岗位时,应以"事"(工作职能和工作任务量)为基础进行设计,因人设岗、不考虑工作负荷量的设岗是工作设计的最大误区。

3. 以人为本的原则

在知识经济时代,企业的竞争力越来越取决于企业所拥有的人才,即人力资源。以人为本,尊重人性,已成为企业界经营和管理的核心理念。传统的组织是一种正规化很强、高度集权的科层制职能化组织,组织中的人被视为机器的零部件,管理者忽视了组织人员的心理和需求,从而使整个组织显得非常臃肿、沉闷。现代工作设计要求在组织结构和运营体系中充分尊重和发挥人性,倡导人本管理,满足员工在生理、物质、精神等多方面的合理化需求。

企业实行以人为本的管理是符合时代发展和企业管理实践需要的。人本管理是以人的全面的、自在的发展为核心,创造相应的环境、条件和工作任务,以个人的自我管理为基础,以企业的共同愿景为引导的一套管理模式,它对企业的生存和发展起着决定作用。首先,对人的管理是最根本的企业管理。任何企业都存在着六种基本活动,其中对人的管理活动处于核心地位。其次,人的主动性、积极性和创造性的发挥是企业活力的源泉。由于人的聪明才智潜藏在人体内部,如果不从根本上解决人才的思想动机问题,再优秀的人才也会消极怠工、不思进取,甚至破坏工作。有些企业缺乏竞争力,丧失活力,它们不是没有人才,而是没有把人的主动性、积极性和创造性调动起来。因此,只有重视对人的管理,将人置于管理过程的中心位置,才能为企业的发展注入生机和活力。在企业内部,从高层主管到普通员工,大多缺乏责任感和紧迫感,成员之间相互推诿,组织内派系林立,关系疏离,甚至在工作中故意不合作或取敌对破坏行动。这一系列问题的根本原因主要在于企业对人力管理不够重视。

纵观国际上知名企业成功的原因,不难发现它们均对员工的利益非常重视,由此可见,以人为本原则已经是现代企业管理的根本,是进行工作设计必须要考虑的问题。

4. 工作环境优化原则

工作环境状况直接影响工作的效率和结果,良好的环境是保证工作顺利完成的必备条件。优化企业工作环境,为劳动者提供良好的劳动氛围,这是企业重视员工感受、关注员工需求的具体体现,同时也是企业能够实现战略目标与经营目标的前提和基础。在进行工作设计的时候,尽量降低工作场所的危险性,降低因从事本工作可能患的职业病程度,尽量避免在高温高湿、寒冷、粉尘、有异味、噪声等环境中工作。

优化工作环境,一方面要改善影响工作环境的物质因素,物质因素主要包括工作场所的安排、照明与色彩、设备、仪器和操纵工具的配置等。工作场所的安排要符合生产工艺要求和人体活动规律,确保工作场所中的劳动者、劳动工具和劳动对象的关系达到最优化结合。另一方面要改善影响工作环境的自然因素,如工作场所的空气、温度、湿度、噪声及绿化等。同时改进上述两方面的环境条件,既方便员工操作、提高工效,又能保证环境安全和卫生,使员工心情舒畅、状态良好。

5. 规范化与系统化原则

企业典型岗位名称的设置应与国际通行的表述方式相一致,遵循规范化的原则,以加强国际间交流,减少不必要的误解。虽然岗位名称只是岗位的一个代码,似乎给岗位定义为什么样的名称都无所谓,其实不然。一个好的岗位名称势必给人一种理念上的认识,同时它还能增加人们对本岗位感性上的认识。比如,"市场部经理"这个职务名称,人们一看就可以获得这些信息:该岗位人员在市场部工作;这个岗位是主管市场营销方面工作的;具体的职务是经理;这个岗位是部门负责人,是企业的中层管理人员。

由于企业经营性质多种多样、企业规模大小不一,不同企业岗位名称自然也就千差万别,但根本不变的便是名称与岗位的任务、职责、职能等相匹配,名称能够基本反映一个岗位的性质。

(二)工作设计的方法

1. 激励型工作设计法

该理论指出,相对于工资报酬这些工作的外部特征而言,个人在更大程度上受到像工作内容的有意义性这类内部工作特征的激励。赫茨伯格指出,对于大多数员工来说,激励的关键并不在于物质方面的刺激,而是在于工作内容的多样性、复杂性和有意义性。

工作设计的激励型方法强调的是可能会对工作承担者的心理价值以及激励潜力产生影响的那些工作特征,旨在改善内在激励、提高工作参与率及出勤率、增强员工满意度等。激励型的工作设计方法所提出的设计方案往往通过工作扩大化、工作丰富化等方式来使员工的工作变得复杂,从而减少单调重复性。该方法也存在一些缺点,那就是由于员工承担的任务量增加,精神负担和工作压力增大,出错率也会随之增加,企业需要花费更多的培训时间和培训支出来使员工胜任更多的工作。

强调激励的工作设计方法注重提高工作的激励潜力,增加所需完成工作的类型和工作的决策权。尽管针对这些工作设计方法所进行的大多数研究表明它们提高了员工的满意度和绩效质量,但是它们却并非总能够带来绩效数量的增加。

2. 机械型工作设计法

机械型工作设计法源于古典工业工程学,与激励方法最大的不同在于,它强调要找到一种能够使得效率达到最大化的最简单方式来构建工作。在大多数情况下,这通常包括降低工作的复杂程度,从而提高人的效率。也就是说,让工作变得尽量简单,从而使任何人只要经过快速培训就能够很容易地完成它。任务专门化、技能简单化以及重复性是这种方法进行工作设计的基本思路。

这种方法比较关注工作本身,很少关心从事这项工作的人。它试图使一项工作更加便捷、容易操作,以获得更高的效率和稳定性,更容易找到从事这项工作的人,使上岗前的培训更加简单。该方法对提高工作效率做出了巨大贡献,科学管理的思想是一种出现最早同时也是最为有名的应用机械型工作设计方法的典型。科学管理首先要做的是找出完成工作的"一种最好方法"。一旦找到了完成工作的最有效方式,就可以根据潜在工人完成工作的能力来对他们进行甄选,同时按照完成工作的这种"最优方式"的标准来对工人进行培训。科学管理思想在西方国家得到了广泛认可,这导致机械型的工作设计方法一度盛行。

3. 生物型工作设计法

生物型工作设计法主要来源于人类工程学。人类工程学所关注的是个体心理特征与物理工作环境之间的交互界面。这种方法尽量使设施、生产工具、环境等与人的工作相协调,以减少员工的生理压力和紧张感,提高员工的工作舒适度。其关注的重点是人身体的舒服和健康程度以及工作环境的物理特性。

生物型工作设计法已经被运用到了对体力要求比较高的工作当中,其目的是降低某些工作的体力要求,从而使得每个正常的人都能够去完成它们。此外,许多生物型工作设计法还注重对机器和技术的设计,比如通过调整计算机键盘的高度来最大限度地减少像腕部血管综合征这样的职业病。对于许多办公室工作来说,座椅和桌子的设计符合人体工作姿势也是生物型方法运用工作设计所考虑的问题。一项研究表明,让员工参与一项人类工程学工作设计计划的结果,使得累积性精神紊乱发生的次数和严重程度、损失的生产时间以及受到限制的工作日数量都出现了下降。尽管该类方法体现了人本主义的管理思想,提高了员工工作的舒适度、积极性和满意度,但是有时候不可避免地降低了生产标准,从而影响了产量的增加。

4. 知觉运动型工作设计法

生物型工作设计法所注重的是人的身体健康、环境等因素，而知觉运动型工作设计法所关注的则是人类的心理承受能力和心理局限。这种工作设计法的目标是，在设计工作的时候，通过取一定的方法来确保工作的要求不会超过人的心理能力和心理界限。这种方法通常通过降低工作对信息加工的要求来改善工作的可靠性、安全性。在进行工作设计的时候，工作设计者首先要看能力最差的员工所能够达到的能力水平，然后再按照使具有这种能力水平的人也能够完成的方式来确定工作的要求。这种方法一般也能起到降低工作的认知要求这样一种效果。

（三）不同工作设计方法的对比

研究表明，以上四种工作设计方法无一是完美无瑕的，即各有利弊。许多学者都认为其中的激励法更优，因为该设计法能使员工的满意度提高、厌烦情绪降低、发现错误的能力提高以及向客户提供的服务水平更好。但是，应该注意到该方法中被扩大了的工作内容同时也带来了成本的增加，比如更高的培训要求、更高的基本技能要求以及建立在工作评价报酬要素基础之上的更高的薪酬要求等。与激励型方法差异最大的是机械型方法，机械型方法虽然工作效率明显较高，但其激励效应却很弱，就此也可以看出工作的激励价值和完成工作的效率之间存在一定的替代关系。

总之，管理者如果希望按照某种能够使得任职者和组织的各种利益都达到最大化的方式来进行工作设计，他们就要对这些不同的工作设计方法都有充分的认识，理解与每一种方法相联系的成本和收益，在它们之间进行适当的平衡，从而提高组织在市场中的竞争优势。

（四）工作设计的程序

通常情况下，工作设计有两种情况：一种是组织中新设置的职位按照一定的要求和原则进行设计，特别是当组织中产生新的工作内容时；另一种是对目前组织中已经存在的缺乏激励因素和满意度较低的职位进行重新设计。

工作设计是构造工作和设计一个或一组人为了达到特定目标的具体工作活动的过程，其总目标是对工作进行分配以满足组织和技术的需要，并满足工作承担者个人的特定需要。工作设计成功的关键是求得组织和工作承担者的需要之间的平衡。新组织的工作设计是一个从无到有的设计过程，它是建立在企业战略定位、企业文化、组织结构等问题的基础之上的。新组织的工作设计一般要经过三个步骤：确定所属部门的工作任务、任务的分解和细化、确定岗位及其工作职责。

二、工作再设计

工作再设计是工作设计的一个重要组成部分。工作设计的主要任务是为企业的人力资源管理提供依据,保证事得其人、人尽其才、人事相宜。如果原有工作设计不适合企业扩大的工作内容或存在严重缺陷时,就应该加以改进或再设计。因此,如何按照现代工作设计的思路、重新审视工作本身、对原有工作设计的不足之处进行再设计已经成为企业人力资源部门一项常规的工作任务。

工作再设计是指重新设计员工的工作职责、内容、方式等,以使企业人力资源得到优化配置,为员工创造更好地发挥自身能力、提高工作效率的管理环境。它通常以员工为中心,让员工参加工作的设计过程,员工可以提出对自己工作的改进意见、建议,参与编制工作再设计的具体内容。这样做,一方面员工的工作得到组织的认可,增加了员工的满意度,激发了员工的工作热情;另一方面,工作设计从员工中来,设计的内容更加符合实际情况,有利于工作的顺利实施,同时也有利于促进组织工作的高效和产出的最大化。

（一）工作再设计的程序

原有组织的工作再设计主要分为组织分析、工作分析、问题诊断、针对问题的再设计四个步骤。

1. 组织分析

对原有组织的分析工作,主要是为了重新明确企业的组织发展战略与目标、组织结构与层次、企业文化、岗位结构体系和岗位确立等要素。无论是企业自己开展此项工作还是通过聘请专门的咨询公司来完成,都应该首先从这些要素着手,因为这些要素对于深入了解企业结构、工作和岗位体系都必不可少。组织结构是一个大的框架,其所有的活动都在这样一个框架下进行,企业选择什么样的结构对于企业的正常运作至关重要。组织分析就是通过采取一定的措施和方式,理清组织目标及工作需要,确立各个部门及其成员的职责范围、工作关系等,明确组织结构。

对原有组织的工作设计是一个针对原有组织进行的改进过程,从组织的分析开始确定业务流程。设计之前要分析企业的战略定位、目标宗旨、业务领域、所属行业等因素的变化,接下来是业务流程的设计、工作任务的分解、工作内容的界定等。

2. 工作分析

在组织分析的基础上,企业要进行具体的工作分析,进一步分析各个部门和岗位在企业中的地位、职能、工作内容以及工作性质的变化。在实际操作过程中,组织分析与工作分析并没有严格的先后次序,可以同时进行、相互补充,在组织分析中会发现工作和岗位存在的不足,在工作分析中也会发现组织的定位问题。

3. 问题诊断

工作问题诊断就是对工作中存在的问题进行调查分析,判断其原因所在,并提出解决问题的具体办法。就像医生给病人看病一样,通过望、闻、问、切为病人把脉,企业所进行的工作问题诊断也是同样道理。要注意的是,在企业实际运行过程中,总会存在着这样或那样的问题,但并不是所有的问题都需要进行工作再设计,只有当问题已经影响到生产的正常进行、企业的健康发展时,工作再设计就成了一项紧急而迫切的任务。

4. 针对问题的再设计

问题确诊之后,就要对症下药。企业在工作设计中哪些环节出了问题,就要采取相应的措施进行重新设计,从而解决问题。

工作的再设计主要包含对某一职务的工作内容、工作职能以及工作关系等方面的设计。工作内容的设计是解决如何确定这一职务所包含的各项工作的一般性质的问题,也就是对在完成各项工作的整个过程中的多样性、复杂性、自主性、整体性、难易程度等进行设计;工作职能设计是提出这一职务的基本要求和基本方法,也就是确定该项职务的工作责任、决策权限、工作方式以及信息流通渠道等各个方面;工作关系的设计是对员工在工作、组织中与其他人之间的各种工作关系进行设计。

(二)工作再设计的方法

1. 工作专业化

工作专业化也叫"充实工作内容",是最传统的工作再设计方法。该方法旨在向员工提供更具挑战性的工作,是对工作内容和责任层次的基本改变,也是对工作责任的垂直深化。它通过对动作和时间的研究,将工作分解为许多很小的单一化、标准化、专业化的操作内容与操作程序,并对员工进行培训和适当的激励,以达到提高生产效率的目的。

2. 工作轮换

工作轮换是为了避免工作专业化的缺陷而较早使用的工作再设计方法,是指在工作流程不受影响的前提下,让员工从执行一项任务转移到执行另一项任务,其目的是使工人的活动得以多样化,从而避免产生厌倦情绪。实践中,有两种类型的工作轮换:纵向轮换和横向轮换。纵向轮换指的是升职或降职。但是,我们一般谈及的工作轮换,更多时候是指水平方向上的多样变化,即横向轮换,指在不同的时间阶段员工会在不同的岗位上进行工作。比如,人力资源部门从事"招聘专员"工作和"培训专员"工作的员工可以在一年或两年进行一次工作轮换。

横向的工作轮换可以有计划地予以实施,即制订培训计划,让员工在一个岗位上从事一定时间的活动,然后再轮换到另一个岗位,以此作为培训的手段。横向轮换也可以依具体情况要求来进行。比如,当以前的工作不再具有挑战性时,可以让一个人转到另一项活动;或者当工作进度安排需要这样做时,也可以转换。总之,员工工作可以处于不断变换的状态中。

3. 工作扩大化

工作扩大化是指使员工有更多的工作可做。通常这种新工作与员工原先做的工作非常相似。这种工作设计导致工作效率高,是因为不必把产品从一个人的手中传给另一个人而节约时间。工作扩大化的途径主要有两个,即"纵向扩大化"和"横向扩大化"。"纵向扩大化"是指增加需要更多责任、更多权力、更多裁量权或更多自主权的任务和职责。"横向扩大化"就是增加一个员工任务的横向多样性,即增加工作的内容或者延长工作的周期,使员工的工作变化增加,要求更多的知识和技能,从而提高员工的工作兴趣。工作扩大化的实质内容是增加每个员工应掌握的技术种类和扩大操作工作的数目,其目的在于降低对原有工作的单调感,从而提高员工对工作的满意度,发挥其主动性和积极性。

工作扩大化的好处在于可以提高产品质量,降低劳动成本,提高员工的满意度,改善整个工作效率,生产管理也变得更加灵活。如某公司报告工作扩大化导致工资支出和设备检查费用增加,但因质量改进、员工满意度提高而抵消了这些费用。但是,工作扩大化的努力所取得的成果往往不尽如人意。有很多学者认为工作扩大化试图避免过度专业化造成的多样性缺乏,但这种工作再设计方法只是简单地增加员工所从事的同类任务数目,并没有给员工的活动提供多少挑战性和意义。

4. 工作丰富化

工作丰富化是以员工为中心的工作再设计,它是对工作内容和责任层次基本的改变,旨在向工人提供更具挑战性的工作。工作丰富化与工作扩大化的根本区别在于,后者是扩大工作的范围,而前者是工作的深化,是对工作责任的垂直深化,它使得工人在完成工作的过程中,能够获得一种成就感、认同感、责任感。工作丰富化的理论基础是赫茨伯格的双因素理论,它鼓励员工参加对其工作的再设计,这对组织和员工都有益。在工作设计中,员工可以提出对工作进行某种改变的有关建议,以使他们的工作更让人满意,同时他还必须说明这些改变是如何更有利于实现公司整体目标的。运用这一方法,可使每个员工的贡献都得到认可,而且还促进了组织目标的实现。尽管工作丰富化方案并不总是产生积极的效果,但在许多组织中,它确实能使工作业绩得以提高,并且增加了工人的满意程度。

第三章　多维视角下人力资源招聘

第一节　人力资源招聘

一、人力资源招聘的含义

人力资源招聘是建立在两项工作基础之上的：一是组织的人力资源规划；二是工作分析。人力资源规划确定了组织招聘职位的类型和数量，而工作分析使管理者了解什么样的人应该被招聘进来填补这些空缺。这两项工作使招聘能够建立在比较科学的基础之上。

人力资源招聘，简称招聘，是"招募"与"聘用"的总称，是指在总体发展战略规划的指导下，根据人力资源规划和工作分析的数量与质量要求，制订相应的职位空缺计划，并通过信息发布和科学甄选，获得所需合格人员填补职位空缺的过程。招募与聘用之间夹着甄选。

二、人力资源招聘的意义

人力资源招聘在人力资源管理中占据十分重要的位置，它的意义具体表现在以下几个方面：

（一）招聘是组织补充人力资源的基本途径

组织的人力资源状况处于变化之中，组织内人力资源向社会的流动、组织内部的人事变动（如升迁、降职、退休、解雇、死亡、离职等）等多种因素，导致了组织人员的变动。同时，组织有自己的发展目标与规划，组织成长过程也是人力资源拥有量的扩张过程。上述情况意味着组织的人力资源总是处于稀缺状态的，需要经常补充。因此，通过市场获取所需人力资源成为组织的一项经常性任务，人力资源招聘也就成了组织补充人员的基本途径。

（二）招聘有助于创造组织的竞争优势

现在的市场竞争归根到底是人才的竞争。一个组织拥有什么样的人力资源，就在一定意义上决定了它在激烈的市场竞争中处于何种地位——是立于不败之地，还是最终面临被淘汰的命运。而对人才的获取是通过人才招聘这一环节来实现的。因此，招聘工作能否有效地完成，对提高组织的竞争力、绩效及实现发展目标，均有至关重要的影响。从这个角度说，人力资源招聘是组织创造竞争优势的基础环节。对于获取某些实现组织发展目标急需的紧缺人才来说，招聘更具有特殊的意义。

(三)招聘有助于组织形象的传播

研究结果显示,招聘过程的质量会明显地影响应聘者对组织的看法。许多经验表明,人力资源招聘既是吸引、招募人才的过程,又是向外界宣传组织形象、扩大组织影响力和知名度的一个窗口。应聘者可以通过招聘过程来了解组织的组织结构、经营理念、管理特色、组织文化等。尽管人力资源招聘不是以组织形象传播为目的的,但招聘过程客观上具有这样的功能,这是组织不可忽视的一个方面。

(四)招聘有助于组织文化的建设

招聘过程中信息传递的真实与否,直接影响着应聘者进入组织以后的流动性,有效的招聘既能使组织得到所需人员,同时也为人员的保持打下基础,有助于减少由于人员流动过于频繁而带来的损失,并有助于营造组织内的良好气氛,如能增强组织的凝聚力,提高士气,增强人力资源对组织的忠诚度等。

三、人力资源招聘的影响因素

招聘活动的实施往往受到多种因素的影响,为了保证招聘工作的效果,在规划招聘活动之前,应对这些因素进行综合分析。归纳起来,影响招聘活动的因素主要有外部影响因素和内部影响因素两大类。

(一)外部影响因素

1. 国家的法律法规

国家和地方的有关法律、法规和政策,是约束组织招聘行为的重要因素,从客观上界定了组织招聘活动的外部边界。

2. 劳动力市场

由于招聘特别是外部招聘,主要是在外部劳动力市场进行的,因此市场的供求状况会影响招聘的效果,当劳动力市场的供给小于需求时,组织吸引人员就会比较困难;相反,当劳动力市场的供给大于需求时,组织吸引人员就会比较容易。在分析外部劳动力市场的影响时,一般要针对具体的职位层次或职位类别来进行,例如当技术工人的市场比较紧张时,组织招聘这类人员就比较困难,往往要投入大量的人力、物力。

3. 竞争对手

在招聘活动中,竞争对手也是非常重要的一个影响因素。应聘者往往是在进行比较之后才做出决策的,如果组织的招聘政策和竞争对手存在差距,那么就会影响组织的吸引力,从而降低招聘的效果。因此,在招聘过程中,取得对竞争对手的比较优势是非常重要的。

(二)内部影响因素

1. 职位性质

空缺职位的性质决定了招聘什么样的人以及到哪个相关劳动力市场进行招聘,因此它是整个招聘过程的灵魂。另外,它还可以让应聘者了解该职位的基本情况和任职资格,便于应聘者进行求职决策。

2. 组织形象

一般来说,组织在社会中的形象越好,越有利于招聘活动的进行。良好的组织形象会对应聘者产生积极的影响,引起他们对组织空缺职位的兴趣,从而有助于提高招聘的效果。如一些形象良好的企业,往往是大学生毕业后择业的首选。而组织的形象又取决于多种因素,如组织的发展趋势、薪酬待遇、工作机会以及组织文化等。

3. 招聘预算

由于招聘活动必须支出一定的资金,因此组织的招聘预算对招聘活动有着重要的影响。充足的招聘资金可以使组织选择更多的招聘方法,扩大招聘的范围,如可以花大量的费用来进行广告宣传,选择的媒体也可以是影响力比较大的;相反,有限的招聘资金会使组织进行招聘时的选择大大减少,这会对招聘效果产生不利的影响。

4. 招聘政策

组织的相关政策对招聘活动有直接的影响,组织在进行招聘时一般有内部招聘和外部招聘两个渠道,至于选择哪个渠道来填补空缺职位,往往取决于组织的政策。有些组织可能倾向于外部招聘,而有些组织则倾向于内部招聘。在外部招聘中,组织的政策也会影响到招聘来源,有些组织愿意在学校进行招聘,而有些组织更愿意在社会上进行招聘。

第二节 人力资源招聘过程管理

一、招聘的制约因素

招聘的成功取决于多种因素,如外部影响、企事业职务的要求、应聘者个人的资格与偏好等。有许多外部因素对企事业招聘决策有影响。外部因素主要可以分为两类:一是经济条件,一是政府管理与法律的监控。

影响招聘决策的经济因素是人口和劳动力、劳动力市场条件、产品和服务市场条件。

二、招聘过程的重要性

招聘过程的第一步是确定与组织人力资源供给相关的劳动力市场。第二步是以此为对象开展征召活动。对组织的征召活动做出积极的事实反应的人就成为工作申请人。第三步是组织对申请人的挑选工作,由此产生录用的员工。再经过组织在人力资源管理方面对员工的保持工作,那些持续在组织服务的员工就成为组织的长期雇员。

征召环节在整个招聘过程中具有重要地位,因为来应聘的员工有可能成为组织未来的高级主管。在这种意义上,招聘工作实际上决定着组织今后的发展与成长。即使组织的员工选拔技术和日后的员工保持计划十分有效,但是如果在征召环节上没有吸引到足够数量的合格申请人,这些选拔技术和保持计划也就不会发生作用。因此招聘的成效是申请人的数量、申请人的质量、组织的遴选技术和员工保持政策共同作用的结果。

三、招聘人的选择

组织在进行招聘过程中,工作申请人是与组织的招聘组成员接触而不是与组织接触,而且招聘活动是工作申请人与组织的第一次接触。在对组织的特征了解甚少的情况下,申请人会根据组织在招聘活动中的表现来推断组织其他方面的情况。因此,招聘人员的选择是一项非常关键的人力资源管理决策。

一般来说,招聘组成员除了包括组织人力资源部门的代表以外,还可以包括直线经理人等。申请人会将招聘组作为组织的一个窗口,由此判断组织的特征。因此,招聘组成员的表现将直接影响到申请人是否愿意接受组织提供的工作岗位。那么,这些"窗口人员"什么样的表现能够增加申请人的求职意愿呢?有研究显示,招聘人员的个人风度是否优雅、知识是否丰富、办事作风是否干练等因素都直接影响着申请人对组织的感受和评价。

四、招聘收益金字塔

招聘从企业获得应征信函开始,经过笔试、面试等各个筛选环节,最后才能决定正式录用或试用。在这一过程中,应征者的人数变得越来越少,就像金字塔一样。这里所谓的招聘收益指的是经过招聘过程中的各个环节筛选后留下的应征者的数量,留下的数量大,就说招聘收益大;反之就说招聘的收益小。企业中的工作岗位可以划分为许多种,在招聘过程中针对每种岗位空缺所需要付出的努力程度是有差别的。为招聘到某种岗位上足够数量的合格员工应该付出多大的努力,可以根据过去的经验数据来确定,招聘收益金字塔就是这样一种经验分析工具。

在确定工作申请资格时,组织有不同的策略可以选择。一种策略是把申请资格设定得比较高,于是符合标准的申请人就比较少,然后组织就需要花费比较多的时间和金钱来仔细挑选最好的员工。另一种策略是把申请资格设定得比较低,于是符合标准的申请人就比较多。这时组织有比较充分的选择余地,招聘的成本会比较低。一般而言,如果组织招聘的工作岗位对于组织而言至关重要,员工质量是第一位的,就应该采取第一种策略。如果劳动力市场供给形势比较紧张,组织也缺乏足够的招聘费用,同时招聘的工作对于组织不是十分重要,就应该采取第二种策略。

在招募新员工时,组织面临的问题是如何在众多的工作申请人中挑选出合格的有工作热情的应征者。特别是在我国现阶段,就业形势严峻,劳动力过剩将是一个长期存在的现象。那些经营业绩出众的大公司,在招聘中面对的将是申请人众多的情况。组织的招聘是一个过滤器,它影响着什么样的员工能成为组织的一员。一个理想的录用过程的一个重要特征是被录用的人数相对于最初申请者的人数少得多。这种大浪淘沙式的录用可以保证录用到能力比较强的员工。而且能力强的员工在接受培训后的生产率提高幅度高于能力差的员工经过相同的培训后的生产率提高幅度。

五、真实工作预览

在招聘过程中,公司总是会使用各种办法来吸引工作申请人。公司常用的项目包括奖励、工作条件、职业前景、技能训练、自助餐厅、住房优惠贷款和工作的挑战性等。但是需要指出的是,公司在想方设法吸引外部人才加盟时,不能顾此失彼,导致新员工与原有的员工之间的不公平。企业在吸引工作申请人时,公司不应该只暴露公司好的一面,同时也应该让申请人了解公司不好的一面,以便使申请人对组织的真实情况有全面的了解。

真实工作预览的优点是:第一,展示真实的未来工作情景,可以使工作申请人首先进行一次自我筛选,判断自己与这家公司的要求是否匹配。另外,工作申请人还可以进一步决定自己可以申请哪些职位,不申请哪些职位,为日后降低离职率奠定了良好的基础。第二,真实工作预览可以使工作申请人清楚在这个组织中可以期望什么,不可以期望什么。这样,一旦他们加入组织,就不会产生强烈的失望感,而是会增加工作满意程度、投入程度和长期服务的可能性。第三,这些真实的未来工作情景可以使工作申请人及早做好思想准备,一旦日后的工作中出现困难,他们也不会回避难题,而是积极设法解决难题。第四,公司向工作申请人全面展示未来的工作情景,会使工作申请人感到组织是真诚的、可以信赖的。

六、招募过程管理与招聘周期

企业的招募工作很容易出现失误,一旦招募过程出现失误就可能损害组织的声誉,为此企业在招募时应该遵循以下原则:

第一,申请书和个人简历必须按照规定的时间递交给招聘部门,以免丢失。

第二,每个申请人在招聘过程中的某些重要活动(如到公司面试时间),必须按时记录。

第三,组织应该及时对申请者的工作申请做出书面答复,否则会给申请人造成该组织工作不力或傲慢的印象。

第四,申请人和雇主关于就业条件的讨论应该以公布的招聘规定为依据,并及时记录。如果同一个申请人在不同的时间或不同的部门得到的待遇相差很大,必然会出现混乱。

第五,没有接受组织雇用条件的申请者的有关材料应该保存一段时间。

企业招聘周期的长度受到许多因素的影响。首先,不同的工作岗位空缺填补的时间有所不同;在不同的社会中,劳动力市场的发达程度不同,组织的招聘周期也不一样;此外,组织人力资源计划的质量对招聘周期也有影响。

第三节　招聘渠道的类别及其选择

一、应征者的内部来源

实际上,企业中绝大多数工作岗位的空缺是由公司的现有员工填充的,因此公司内部是最大的招聘来源。在企业运用内部补充机制时,通常要在公司内部张贴工作告示,其内容包括工作说明书和工作规范中的信息以及薪酬情况,说明工作机会的性质、任职资格、主管的情况、工作时间和待遇标准等相关因素。这样做的目的是让企业的现有员工有机会将自己的技能、工作兴趣、资格、经验和职业目标与工作机会相互比较。工作告示是最常使用的吸引内部申请人的方法,特别适用于非主管级别的职位。在这一过程中,人力资源部门必须承担全部的书面工作,以确保遴选出最好的申请人。

内部补充机制有很多优点:第一,得到升迁的员工会认为自己的才干得到了组织的承认,因此积极性和绩效都会提高;第二,内部员工比较了解组织的情况,为胜任新的工作岗位所需要的指导和训练会比较少,离职的可能性也比较小;第三,提拔内部员工可以提高所有员工对组织的忠诚度,使他们在制定管理决策时,能做比较长远的考虑;第四,上级对内部员工的能力比较了解,因此,提拔内部员工比较保险。

但是内部补充机制也有缺点:第一,那些没有得到提拔的应征者会不满,因此需要做解释和鼓励的工作;第二,当新主管从同级的员工中产生时,工作集体可能会不满,这使新主管不容易建立领导声望;第三,很多公司的老板都要求经理人张贴工作告示,并面试所有的内部应征者,然而经理人往往早有中意人选,这就使面试浪费很多时间;第四,如果组织已经有了内部补充的惯例,当组织出现创新需要而急需从外部招聘人才时,就可能会遇到现有员工的抵制,损害员工工作的积极性。

长期以来,尽管人们很想知道哪一种员工来源最可能创造好的工作绩效,但是现有的研究还无法精确地回答到底哪种工作应该用哪种招聘来源。不过一般而言,内部来源的员工比外部来源的员工离职率要低,长期服务的可能性要大一些。当然,在内部补充机制不能满足企业对人力的需求时,就需要考虑在企业的外部劳动力市场进行招聘。

二、招聘广告

招聘广告是补充各种工作岗位都可以使用的吸引方法,因此应用最为普遍。阅读这些广告的不仅有工作申请人,还有潜在的工作申请人,以及客户和一般大众,所以公司的招聘广告代表着公司的形象,需要认真实施。

企业使用广告作为吸引工具有很多优点:第一,工作空缺的信息发布迅速,能够在一两天之内就传达给外界。第二,同其他吸引方式相比,广告渠道的成本比较低。第三,在广告中可以同时发布多种类别工作岗位的招聘信息。第四,广告发布方式可以给企业保留许多操作上的优势,这体现在企业可以要求申请人在特定的时间段内亲自来企业、打电话或者向企业的人力资源部门邮寄自己的简历和工资要求等方面。此外,企业还可以利用广告渠道来发布"遮蔽广告"。遮蔽广告指的是在招聘广告中不出现招聘企业名称的广告,这种广告通常要求申请人将自己的求职信和简历寄到一个特定的信箱。

使用广告启事时要注意两点:第一,媒体的选择。广告媒体的选择取决于招聘工作岗位的类型。一般来说,低层次职位可以选择地方性报纸,高层次或专业化程度高的职位则要选择全国性或专业性的报刊。第二,广告的结构。广告的结构要遵循"AIDA"原则,即注意、兴趣、欲望和行动。换言之,好的招聘广告要能够引起读者的注意并产生兴趣,继而产生应聘的欲望并采取实际的应征行动。

企业的招聘广告应该向合格的员工传达企业的就业机会,并为本企业塑造一个正面的形象,同时提供有关工作岗位的足够信息,以使那些潜在的申请人能够将工作岗位的需要同自己的资格和兴趣进行比照,并唤起那些最好的求职者的热情前来申请。这不仅适用于企业在外部劳动力市场进行招聘,也适用于企业在内部劳动力市场的招聘工作。

三、职业介绍机构

在国外,职业介绍机构有公立的也有私立的。公立职业介绍机构主要为蓝领服务,有时还兼管失业救济金的发放。私立职业介绍机构主要为高级专业人才服务,要收取一定的服务费,费用可以由求职者付费,也可以由雇主付费,这往往要取决于劳动力市场的供求状况。但是实际上由雇主付费的情况居多。

职业介绍机构的作用是帮助雇主选拔人员,节省雇主的时间,特别是在企业没有设立人事部门或者需要立即填补空缺时,可以借助于职业介绍机构。但是,如果需要长期借助职业介绍机构,就应该把工作说明书和有关要求告知职业介绍机构,并委派专人同几家职业介绍机构保持稳定的联系。

四、猎头公司

猎头公司是一种与职业介绍机构类似的就业中介组织,但是由于它特殊的运作方式和服务对象的特殊性,经常被看作是一种独立的招聘渠道。一个被人们广泛接受的看法是,猎头公司是一种专门为雇主"搜捕"和推荐高级主管人员和高级技术人员的公司,他们设法诱使人才离开正在服务的企业。猎头公司的联系面很广,而且它特别擅长接触那些正在工作并对更换工作还没有积极性的人才。它可以帮助公司的最高管理当局节省很多招聘和选拔高级主管等专门人才的时间。但是,借助猎头公司的费用并且很高要由用人单位支付,一般为所推荐人才年薪的1/4到1/3。

借助于猎头公司获取人才的企业需要注意的是:第一,必须首先向猎头公司说明自己需要哪种人才及其理由。第二,了解猎头公司开展人才搜索工作的范围。第三,了解猎头公司直接负责指派任务的人员的能力,不要受其招聘人物的迷惑。第四,事先确定服务费用的水平和支付方式。第五,选择值得信任的人。这是因为猎头公司为一个公司搜索人才时不仅会了解该公司的长处,还会了解该公司的短处,所以一定要选择一个能够保密的人。第六,向这家猎头公司以前的客户了解其服务的实际效果。

五、校园招聘

大学校园是专业人员与技术人员的重要来源。公司在设计校园招聘活动时,需要考虑学校的选择和对工作申请人的吸引两个问题。在选择学校时,组织需要根据自己的财务约束和所需要的员工类型来进行决策。如果财务约束比较紧张,组织可能只在当地的学校中来选择;而实力雄厚的组织通常在全国范围内进行选择。

在大学校园招聘中,最著名的学校并不总是最理想的招聘来源,其原因是这些学校的毕业生可能自视甚高,不愿意承担具体而烦琐的工作,这在很大程度上妨碍了他们对经营的理解和管理能力的进步。

校园招聘的缺点是费钱费时,需要事先安排时间,印制宣传品,还要做面谈记录。

大学毕业生在选择申请面试的公司时主要考虑的问题是公司在行业中的名声、公司提供的发展机会和公司的整体增长潜力等因素。一般而言,受商业周期对劳动力供求形势影响最明显的是大学毕业生申请人,在商业周期走向高涨期间,他们是最大的受益者;而在商业周期走向衰退期间,他们是最大的受害者。因此,大学生应该重视招聘环节对就业机会的影响,要想方设法给招聘者留下一个深刻的印象。

六、员工推荐与申请人自荐

过去,许多公司严格限制家庭成员在一起工作,以避免过于紧密的个人关系会危害人事决策的公正性。不过,现在已经有很多公司逐渐认识到,通过员工推荐的方法雇用现有员工的家属或者朋友有很多好处。这种方式既可以节省招聘人才的广告费和付给职业介绍机构的费用,还可以得到忠诚而可靠的员工。但如果员工推荐的工作申请人的特征与组织的要求不匹配,不仅会影响员工自己在企业中的地位,也将危害到和被推荐者之间的关系。

七、临时性雇员

随着市场竞争的加剧,企业面临的市场需求常常会发生波动,而且企业还要应付经济周期的上升和下降。在这种情况下,企业往往需要在保持比较低的人工成本的同时,使企业的运营具有很高的适应性和灵活性。为此,企业可以把关键员工数量限制在最低的水平上,同时建立临时员工计划。

这种计划可以有四种选择。第一种,内部临时工储备。企业可以专门向外部进行招聘,也可以把以前曾经雇用过的员工作为储备,这些员工随叫随到。第二种,通过中介机构临时雇用。企业可以同那些保持和管理劳动力储备的中介就业服务机构签订合同,临时性地使用这些人力。第三种,利用自由职业者,如与自由撰稿人和担当顾问的专家签订短期服务合同。第四种,短期雇用,即在业务繁忙的时期或者一个特定的项目进行期间招聘一些短期服务人员。临时性雇员计划的缺点是:第一,增加招聘的成本;第二,增加培训成本;第三,产品的质量稳定性下降;第四,需要管理人员加强对临时性员工的激励。

八、招聘来源的比较

组织在进行招聘时必须使潜在的工作申请人知道存在的工作机会。在现实的招聘实践中,组织有多种招聘来源可以选择,而组织具体选择哪种招聘方式在很大程度上取决于组织的传统和过去的经验。原则上,组织所选择的招聘渠道应该能够保证组织以合理的成本吸引到足够数量的高质量的工作申请人。招聘管理人员的三个最有效途径依次是员工推荐、猎头公司和广告。

各种招聘来源吸引来的员工的工作前程可能具有不同的特征。一项研究表明,通过员工推荐进入组织的员工通常不会在很短的时间内离职。其原因可能有以下三个方面:第一是推荐者已经事先向被推荐者详细介绍了组织的情况,使得他进入组织后没有产生强烈的意外和失望;第二是被推荐者已经通过了推荐者按照组织的需要进行的筛选;第三可能是推荐者对被推荐者施加了某种压力,使其比较稳定地工作。还有研究表明,被推荐进入组织的员工在开始时获得的报酬水平比较高,但是在随后的晋级中,薪酬增加得比较缓慢。其原因可能是开始时组织对被推荐者的资格比较确信,但是随后的长期表现说明开始时对他们的评价存在着高估的现象。

第四节 多维视角下应征者的求职过程

一、申请人选择工作方式的类型

在申请人寻找工作的过程中,他们首先确定自己的目标职业,然后再选择设置这种职业的组织。经济学家的观点是人们在自己的职业选择中遵循的原则是最大化自己的终生收入的现值,但是实际上影响个人职业选择的因素有很多,其中包括父母的职业、个人的教育背景、经济结构调整对劳动力市场产生的约束和引导等。在这一点上,组织也并不是完全无能为力。有些组织在大学、中学甚至小学中设立奖学金或奖教金,目的是加强在读的学生对组织所在行业的认识和兴趣。在开始具体的求职活动以前,对于职业的选择缩小了工作申请人选择目标组织的范围。

大学毕业生是典型的求职者,以他们的行为特征为例,在求职过程中,大学毕业生所用的取舍标准可以划分为以下几种类型:第一种,最大化标准。这种大学生尽可能多地参加面试,得到尽可能多的录用通知,然后再根据自己设定的标准理性地选择工作。第二种,满意标准。这种大学生接受他们得到的第一个工作机会,并认为各个公司之间没有什么实质性的差别。第三种,有效标准。这种大学生在得到一个自己可以接受的工作机会后再争取下一个机会,然后在这两者之间进行比较,并选择其中比较合意的一个。

有人把大学生求职的方法划分为补偿性方法和非补偿性方法。所谓的补偿性方法是指大学生对每一个获得的工作机会都收集全面的信息,然后根据自己设定的所有重要标准把每个可以选择的工作机会与所有其他的工作机会进行比较,在某些标准方面价值比较低的工作机会可能在其他方面具有比较高的价值,最后大学生将选择一个总体价值最大的工作机会。但是,由于人们的时间、耐心和精力都是有限的,因此实际上人们很少这样理性地来选择工作,而是用所谓的"有限理性"原则来处理这一问题。有限理性原则是指人们用一些简化的策略。具体方法是首先把那些在薪水、工作地点等关键的标准方面没有达到自己要求的工作机会排除,然后在剩下的比较少的工作机会中通过全面的比较来进行选择。组织了解求职者的求职方式对于设计招聘活动是非常必要的。

二、工作申请人与组织的目标冲突

在招聘过程中充满了很多冲突。第一种冲突是工作申请人的内在冲突,即申请人既要表现出自己的个人魅力,对组织的信息做出积极的反应;同时又要通过提供自己能力的真实情况来评估和选择组织,并询问组织将提供的报偿等方面的问题。第二种冲突是组织的内在冲突,即组织既要表现出最具吸引力的组织特征,并尽力要使工作申请人在招聘环节感觉轻松,又要提出各种棘手的问题来区分合格的申请人和不合格的申请人。第三种冲突是工作申请人和组织之间的冲突。这有两种表现形式,第一种是组织在极力表现自己对员工吸引力的时候,可能无法提供给工作申请人用来判断组织真实情况的信息。第二种是工作申请人在极力表现自己价值的时候,可能无法为组织提供用来评价工作申请人真实情况的信息。由此可见,对于组织而言,有效的招聘工作需要在现实性和理想主义之间取得平衡。

总之,一个完整的招聘计划要求组织考虑工作申请人的资格确定、沟通方式和沟通渠道、计划提供的补偿、录用决策制定和发布的时间,安排招聘考官,做好对冲突的协调工作。

第五节　员工招聘与筛选的方法

一、心理测验方法

(一)心理测验定义

从心理测验的起源与发展可知,心理测验产生于对个别差异鉴别的需要,广泛应用于教育、企事业人才的挑选与评价。在这一过程中,人们编制了许许多多的心理测验。其中影响较大的心理测验有比奈—西蒙智力测验、斯坦福比奈儿童智力测验、墨迹测验、明尼苏达多相个性测验、艾森克人格测验)、卡特尔16因素测验、皮亚杰(Piaget)故事测验、科尔伯格(Kohlberg)两难故事测验、雷斯特(J. Rest)检测等。对这些较为典型的心理测验进行分析可以发现,所有的心理测验定义中,阿纳斯塔西(Anastasi)所下定义的比较确切:心理测验实质上是行为样组的客观的和标准化的测量。

(二)测验的种类与形式

依据不同的标准,心理测验可以划分出不同的类别。

根据测验的具体对象,可以将心理测验划分为认知测验与人格测验。认知测验测评的是认知行为,而人格测验测评的是社会行为。

认知测验又可以按其具体的测验对象,分为成就测验、智力测验及能力倾向测验。成就测验主要测评人的知识与技能,是对认知活动结果的测评;智力测验主要测评认知活动中较为稳定的行为特征,是对认知过程或认知活动的整体测评;能力倾向测验是对人的认知潜在能力的测评,是对认知活动的深层次测评。

人格测验按其具体的对象,可以分成态度、兴趣与道德(包括性格)测验。

根据测验的目的,可以将心理测验划分为描述性、预测性、诊断咨询、挑选性、配置性、计划性、研究性等形式。

根据测验的材料特点,可以将心理测验划分为文字性测验与非文字性测验。文字性测验即以文字表述,让被试者用文字作答。典型的文字测验即纸笔测验。非文字性测验,包括图形辨认、图形排列、实物操作等方式。

心理测验形式与心理测验的类别是有所不同的。心理测验的形式,是指测验的表现形式,包括刺激与反应两个方面。划分的标准不同,形式也就各异。

按测验目的与意图表现的程度划分,有结构明确的问卷法与结构不明确的投射法。后者所表现的刺激为意义不明确的各种图形、墨迹、词语,让被测者在不受限制的情境下,自由地做出反应,从而分析反应结果来推断测验的结果;前者所表现的则为一系列具体明确的问题,它们从不同方面来了解被试者的素质情况,要求被试者按实际情况作答。如果从问卷调查的具体对象来看,有自陈量表与非自陈量表。

根据测验时被试者反应的自由性来看,有限制反应型与自由反应型。投射测验属于自由反应型,而强迫选择属于限制反应型。按测验作答结果的评定形式,有主观型与客观型之分。从作答方式来看,有纸笔测验、口头测验、操作测验、文字测验与图形、符号、实践等测验形式。从测验反应场所来看,有一般测验、情境测验及观察评定测验。一般测验是对被试者在行为样组上反应的测评;情境测验是对被试者在模拟情境中反应的测评;观察评定测验,是对被试者在日常实际情况下行为表现的测评。

二、面试方法

面试的历史虽然源远流长,但人们却至今未能对面试形成一致的看法,众说纷纭。

(一)面试的概念与内容

1.面试的概念

面试,可以说是一种经过精心设计,在特定场景下,以面对面的交谈与观察为主要手段,由表及里测评应试者有关素质的一种方式。

在这里,"精心设计"的特点使它与一般性的面谈、交谈、谈话相区别。面谈与交谈,强调的只是面对面的直接接触形式与情感沟通的效果,并非经过精心设计。"在特定场景下"的特点,使它与日常的观察、考察测评方式相区别:日常的观察、考察,虽然也少不了面对面的谈话与观察,但那是在自然情景下进行的。"以面对面的交谈与观察为主要手段,由表及里测评"的特点,不但突出了面试"问""听""察""觉""析""判"的综合性特色,而且使面试与一般的口试、笔试、操作演示、情景模拟、访问调查等人才素质测评的形式区别开来。口试强调的只是口头语言的测评方式及特点,而面试还包括对非口头语言、行为的综合分析、推理及直觉判断。"有关素质"说明了面试的功能并非是万能的,在一次面试当中,不要面面俱到、去测评人的一切素质,要有选择地针对其中一些必要素质进行测评。

2.面试的内容

(1)仪表风度:应聘者的体格状态、穿着举止、精神风貌。

(2)求职的动机与工作期望:判断本单位提供的职位和工作条件是否能满足其要求。

(3)专业知识与特长:从专业的角度了解其特长及知识的深度与广度。

(4)工作经验:应聘者以往的经历及其责任感、思维能力、工作能力等。

(5)工作态度:应聘者过去的工作业绩及其对所谋职业的态度。

(6)事业心、进取心:事业的进取精神、开拓精神。

(7)语言表达能力:口头表达的准确性。

(8)综合分析能力:分析问题的条理性、深度。

(9)反应能力:思维的敏捷性。

(10)自控能力:理智与耐心。

(11)人际关系:社交中的角色,为人的好恶。

(12)精力与活力:精、气、神的表现。

(13)兴趣与爱好:知识面与嗜好。

(二)面试的特点

与其他人才素质测评的方式相比,面试有其相对独特之处。

1. 对象的单一性

面试的方式有个别面试与集体面试两种。在集体面试中,几个考生可以同时坐在考场之中,但主考官不是同时分别考不同的考生,而一般是逐个提问逐个测评。即使在面试中引入辩论、讨论,评委们也是逐个提问逐个观察的。

2. 内容的灵活性

由于单位时间内面试对象是单一的,因此面试的具体内容可以自由调节。面试的问题虽然事先可以设计一番,准备很多很多的试题,但绝不是向所有考生都提同样的问题,按统一的步骤与内容进行。实际上面试的问题可多可少,视所获得的信息是否足够而定;同一问题可深可浅,视主考官的需要而定;所提的问题可异可同,视应试者情况与面试要求而定。因此面试的时间可长可短。但就目前一般情况来看,面试时间大约 30 分钟,一般提 10 个问题。

面试内容的灵活变化也是必要的。首先,面试内容因工作岗位不同而无法固定,岗位不同,工作性质、职责以及任职资格与要求也就不同;其次,应试者的经历、背景不尽相同,因而所提问题及回答要求就应该有所区别;再次,同一个问题,每个考生回答的方式与内容不尽相同,主考官后续的提问就应该针对应试者回答的情况变化而变化。

3. 信息的复合性

与测验、量表等测评方式不同,面试对任何信息的确认,都不是通过单一的视(眼)、听(耳)、想(脑)等信息通道进行,而是通过主考官对应试者的问(口)、察(眼与脑)、听(耳)、析(脑)、觉(第六感)综合进行的。也就是说,对于同一素质的测评,既注意收集它的语言形式信息,又注意收集它的非语言形式信息,这种信息复合性增强了面试的可信度。

4. 交流的直接互动性

与笔试、观察评定不同,面试中应试者的回答及行为表现与主考官的评判是相连接的,中间没有任何中介转换形式。面试中主考官与应试者的接触、交谈、观察也是相互的,是面对面进行的。主客体之间的信息交流与反馈也是相互作用的。而笔试与观察评定却对命题人、评分人严加保密,不让被试者知道。

5. 判断的直觉性

其他测评大多数是理性的逻辑判断与事实判断,面试的判断却带有一种直觉性。它不是仅仅依赖于主考官严谨的逻辑推理与辩证思维,也往往包括很大的印象性、情感性及第六感特点。

(三)面试的功能作用

任何一种测评方法只有当它具有某种特殊的功能作用时,才有存在的价值。面试与其他素质测评方法相比,有以下几点功能:

1. 可以有效地避免高分低能者或冒名顶替者入选

一般来说,笔试是严谨的,成绩高者其能力也高。但是,由于目前笔试方式操作的局限性,考试中高分低能者、冒名顶替者在所难免。

2. 可以弥补笔试的失误

测验或问卷等笔试,有的人因误解、学习条件差、转行或紧张等原因没有发挥好,如果仅以笔试成绩为录用依据,那么这些人就没有机会被录用了。如果再用面试形式,则这些人可以有机会再次表现。

3. 可以考查笔试与观察中难以测评到的内容

笔试以文字为媒介来测评人的素质水平,即以文观人。但文何以能与人同呢?有些内容使用文字是无法表现的,例如仪表、风度、口头表达能力、反应快慢等。

有些素质虽然可以通过文字形式来表达,但因为应试者的掩饰行为或某种困惑而无法表达,却可以通过面试来测评。

4. 可以灵活、具体、确切地考查一个人的知识、能力、经验及品德特征

由于面试是一种主考官与应试者间的互动可控的测评方式,测评的主动权主要控制在主考官手里,测评要深即深,要浅即浅,要专即专,要广即广,具有很强的灵活性、调节性与针对性。而笔试、情景模拟与观察评定均不如面试。

5. 可以测评个体的任何素质

只要时间充裕,设计精细,手段适当,面试可以测评个体的任何素质。

三、评价中心技术

评价中心技术简称评价中心,对我国许多人来说,它还是一个陌生名词。评价中心是什么,有哪些形式,起源于何时,有什么特点,诸如此类的问题,人们都还不清楚。

(一)测评技术

评价中心技术综合运用了各种测评技术。它的主要特点是使用情景性的测验方法对被试者的特定行为进行观察和评价。这种方法通常将被试者置于一个模拟的工作情境中,用多种评价技术,观察和评价被试者在这种模拟工作情境中的心理和行为。因此,这种方法有时被称为情境模拟法。评价中心技术的活动形式主要有公文处理、小组讨论、管理游戏、角色扮演、个人演说等,然后根据所给的材料撰写报告、案例分析等。

1. 公文处理

公文处理是以书面材料的形式提供给被试者若干需要解决的问题以及相关的背景资料,让其在较短的时间内进行处理,以考察其分析问题及解决问题的能力的一种评价方法。公文处理可以有效地测试被试者利用信息的能力、系统思维的能力以及决策能力,具有较高的信度及效度。

2. 小组讨论

小组讨论是给被测试的小组一个待解决的问题,由他们展开讨论以解决问题,评价者则通过对该过程的观察来对被试者的人际能力,在群体里分析、解决问题的能力以及领导方式等进行评价。小组讨论有多种形式,如无领导小组讨论、有领导小组讨论、不指定角色小组讨论、指定角色小组讨论等。

3. 管理游戏

管理游戏是指设计一定的情景,分给被试小组一定的任务由他们共同完成,如购买、搬运等,或者在几个小组之间进行模拟竞争,以评价被试者的合作精神、领导能力、计划能力、决策能力等的一种评价方法。管理游戏一般具有较强的趣味性,但设计的工作量大。管理游戏一般具有较好的信度及效度。

4. 角色扮演

角色扮演是在一个精心设计的管理情景中,让被试者扮演其中的角色以评价其胜任能力的模拟活动。要提高评价的准确性,管理情景的设计是关键,情景中的人际矛盾与冲突必须具有一定的复杂程度,使得被试者只能按其习惯方式采取行动,从而降低伪装的可能性。

5. 个人演说

通过让被试者就指定的题目发表演讲来评价其沟通技能和说服能力。

(二)其他测评技术

人力资源测评方法除以上几种外,在组织中应用较多的还有观察评定法、申请表法、民意测验法、履历分析法等。

1. 观察评定法

观察评定法是借助一定的量表,在观察的基础上对人的素质进行评价的一种测评活动。观察评定具有以下几种基本类型:日常观察评定、现场观察评定、间接观察评定等。其优点是客观、方便;缺点是可控性差,观察结果难以记录及处理。

2. 申请表法

申请表法是通过分析求职者在申请表上所提供的信息,对其素质进行判断、预测的一种测评方法。申请表法是素质测评中最常用的方法之一。对于求职量特别大的组织来说,该方法可以提高筛选的效率。

3. 民意测验法

民意测验对敬业精神、合作意识、工作态度、领导方式等素质项目的测评具有较好的效果。主要原因是上述素质要素在其他测评方法中被试者易于伪装,民意测验法则能有效地消除伪装的影响。

4.履历分析法

履历分析法是指根据档案记载的事实,了解一个人的成长历程和工作业绩,从而对其素质状况进行推测的一种评价方法。该方法可靠性高,成本低,但也存在档案记载不详而无法全面深入了解的弊端。

(1)人力资源招聘,简称招聘,是"招募"与"聘用"的总称,是指在总体发展战略规划的指导下,根据人力资源规划和工作分析的数量与质量要求,制订相应的职位空缺计划,并通过信息发布和科学甄选,获得所需合格人员填补职位空缺的过程。招募与聘用之间夹着甄选。

(2)人力资源的招聘过程对招聘人的选择、招募过程管理与招聘周期都有一定要求。

(3)员工招聘与甄选的方法有心理测验方法、面试方法和评价中心技术等。

第四章　多维视角下人力资源培训与开发

第一节　培训与开发概述

一、员工培训的含义

员工培训是指一定组织为开展业务及培育人才的需要,采用各种方式对员工进行有目的、有计划的培养和训练的管理活动。公开课、内训等均为常见的员工培训及企业培训形式。

二、员工培训的原则

为保证员工培训的计划性、针对性和有效性,达到提高企业绩效的目标,员工培训必须从企业战略出发,有计划、有重点、有步骤地针对员工的现实状态与工作要求的差距进行。为此,员工培训必须坚持以下几项原则。

(一)注重实效原则

企业的任何活动都是要达到最初的目的,员工培训活动更要注重实际效果,也就是培训活动必须在员工今后的工作中产生一定的效果,否则就失去了意义。这种实际效果主要体现在专业知识的拥有、工作能力的提高、工作态度的转变、工作技能的熟练等方面,从而达到提高工作绩效的目的。

(二)有效激励原则

在现代企业中,培训已作为一种激励手段。一些企业在招聘广告中明确员工将享受到的培训待遇,以此来增加本企业的吸引力。另外,激励的原则应该贯穿整个培训过程,这样才能更好地调动员工的积极性和主动性。例如,培训前进行宣传和教育,培训中进行及时的反馈,培训后进行评估和考核,奖励与考核成绩挂钩等。

(三)个体差异化原则

公司员工从普通员工到最高决策者,所从事的工作内容、创造的绩效、必备的能力和达到的工作标准不尽相同,所以培训工作应充分考虑他们各自的特点,做到因材施教。也就是说要针对员工的不同文化水平、不同职务、不同要求及其他差异进行个性化培训。

(四)目标明确原则

目标对人的行为具有明确的导向作用,所以培训必须设立总体目标或分阶段目标。在培训开始之前设立明确的目标,不但有利于增强培训效果,而且有助于在培训结束之后对培训效果进行衡量。为了使目标更有指导意义,目标的设置应当明确、适度,培训目标设得太难或太容易都会失去培训的价值。

(五)反馈与强化原则

员工培训效果的反馈是指在培训后对员工进行检验,其作用在于巩固员工学习的技能、及时纠正错误和偏差,反馈的信息越及时、准确,培训的效果就越好。强化则是指由于反馈而对接受培训的员工进行的奖励或惩罚,其目的是奖励接受培训并取得绩效的员工,同时提高其他员工的培训意识,使培训效果得到进一步强化。

三、员工培训的意义

企业在面临全球化、高质量、高效率的工作系统挑战中,员工培训显得更为重要。员工培训的重要意义具体体现在以下几个方面。

(一)有利于企业获得竞争优势

面对激烈的市场竞争,企业需要越来越多的高素质人才。员工培训就是要不断培训与开发高素质人才,以获得竞争优势。

(二)满足员工实现自我价值的需要

在现代企业中,员工工作更多的是满足"高级"的需要——自我价值的实现。培训能提高员工的知识和技能水平,使其能适应或接受更具有挑战性的工作与任务,实现自我成长和自我价值。这不但使员工在物质上得到满足,而且使员工在精神上得到成就感。

(三)提高员工的职业能力

员工培训的直接目的是提高员工的职业能力,使其更好地胜任现在的工作及为未来的工作打下基础。培训使员工的工作能力提高,为其取得好的工作绩效提供了可能,也为员工提供更多获得晋升和提高收入的机会。

(四)有利于改善企业的工作质量

工作质量包括生产过程质量、产品质量、客户服务质量等。员工培训使员工的职业能力得到提高,因而将直接改善和提高企业的工作质量。

四、培训与开发在人力资源管理中的地位

随着信息技术、经济全球化的发展,受到终身学习、人力资源外包等因素的挑战,培训与开发在人力资源管理中的地位日益提升,对培训与开发人员提出了新的、更高的要求。同时,企业战略和内在管理机制不同,也要求提供相应的培训与开发支持。

(一)培训与开发是人力资源管理的基本内容

1. 培训与开发是人力资源管理的基本职能

人力资源管理的基本职能包括获取、开发、使用、保留与发展,现代培训与开发是充分发

挥人力资源管理职能必不可少的部分。

2. 培训与开发是员工个人发展的客观要求

接受教育与培训是每个社会成员的权利,尤其是在知识经济时代,知识的提高及知识老化、更新速度的加快客观上要求员工必须不断接受教育和培训,无论从组织发展的角度,还是从员工个人发展的角度,员工必须获得足够的培训机会。

3. 培训与开发是国家和社会发展的客观需要

人力资源质量的提高对国家和社会经济的发展,以及国际竞争力的提升具有重要作用。世界各国都非常重视企业员工的培训问题,并制定了相关的法律和政策加以规范,并对企业的培训和开发工作给予相关的支持和帮助。

4. 培训与开发与人力资源管理其他功能模块的关系

培训、开发与人力资源管理各个方面都相互联系,尤其是人力资源规划、职位设计、绩效管理、甄选和配置等联系更为紧密。招聘甄选后便要进行新员工的入职培训,培训与开发是员工绩效改进的重要手段,职位分析是培训需求分析的基础,人力资源规划则确定培训与开发的阶段性与层次性。

(二)培训与开发在人力资源管理中的地位和作用的变迁

1. 员工培训与开发伴随着人力资源管理实践的产生而产生

培训与开发是人类社会生存与发展的重要手段。通过培训而获得的知识增长和技能优化有助于提高劳动生产率。早在1911年,泰勒的《科学管理原理》就包括了培训与选拔的内容(按标准化作业培训工作人员并选拔合格者)。

2. 现代培训与开发逐渐成为人力资源管理的核心内容

在全球化的背景下,培训已成为许多国际大企业大公司投资的重点。绝大多数企业为职工制订了培训计划,以满足高质量要求的工作挑战。同时,多元化带来的社会挑战、技术革新使员工的技能要求和工作角色发生变化,使得员工需要不断更新专业知识和技能。

3. 培训与开发是构建学习型组织的基础

随着传统资源的日益稀缺,知识经济的形成和迅速发展,21世纪最成功的企业是学习型组织。不论利润绝对数,还是销售利润率,学习型企业都比非学习型企业高出许多。培训与开发作为构建学习型组织的基础,具有重要的地位。

五、培训与开发的发展趋势

目前,培训与开发规模日益壮大,培训与开发水平不断提高,培训与开发技术体系日益完善,培训开发理论体系逐渐形成,人力资源培训与开发领域呈现出以下几方面的发展趋势。

(一)培训与开发的目的:更注重团队精神

培训与开发的目的比以往更加广泛,除了新员工上岗引导、素质培训、技能培训、晋升培训、轮岗培训之外,培训开发更注重企业文化、团队精神、协作能力、沟通技巧等。这种更加广泛的培训开发目的,使每个企业的培训开发模式从根本上发生了变化。

(二)培训与开发的组织:转向虚拟化和更多采用新技术

虚拟培训与开发组织能达到传统培训组织无法达到的目标。虚拟培训与开发组织是应用现代化的培训与开发工具和培训与开发手段,借助社会化的服务方式而达到培训与开发的目的。现代化的培训与开发工具及手段包括多媒体培训与开发、远程培训与开发、网络培训与开发、电视教学等。在虚拟培训与开发过程中,虚拟培训与开发组织更加注意以顾客为导向,凡是顾客需要的课程、知识、项目、内容,都能及时供给并更新原有的课程设计。虚拟培训与开发组织转向速度快,更新知识和更新课程有明显的战略倾向性。

(三)培训与开发效果:注重对培训与开发效果的评估和对培训与开发模式的再设计

控制反馈实验是检验培训开发效果的正规方法。组织一个专门的培训开发效果测量小组,对进行培训与开发前后的员工的能力进行测试,以了解培训与开发的直接效果。对培训与开发效果的评价,通常有四类基本要素。一是反应:评价受训者对培训开发计划的反应,对培训开发计划的认可度及感兴趣程度。二是知识:评价受训者是否按预期要求学到所学的知识、技能和能力。三是行为:评价受训者培训开发前后的行为变化。四是成效:评价受训者行为改变的结果,如顾客的投诉率是否减少,废品率是否降低,人员流动是否减少,业绩是否提高,管理是否更加有序,等等。

(四)培训与开发模式:更倾向于联合办学

培训与开发模式已不再是传统的企业自办培训与开发的模式,更多是企业与学校联合、学校与专门培训与开发机构联合、企业与中介机构联合或混合联合等方式。社会和政府也积极地参与培训与开发,如再就业工程,社区也在积极地参与组织与管理。政府的专门职能部门也与企业、学校挂钩,如人事部门组织关于人力资源管理的培训,妇联组织关于妇女理论与实践的培训与开发和婚姻、家庭、工作三重角色相互协调的培训与开发等。

第二节 培训与开发需求分析

一、培训需求分析的含义与作用

(一)培训需求分析的含义

所谓培训需求分析,是指在规划与设计每项培训活动之前,由培训部门、主管负责人、培训工作人员等采用各种方法与技术,对参与培训的所有组织及其员工的培训目标、知识结构、技能状况等方面进行系统的鉴别与分析,以确定这些组织和员工是否需要培训及如何培训,弄清谁最需要培训、为什么要培训、培训什么等问题,并进行深入探索研究的过程。

(二)培训需求分析的作用

培训需求分析作为现代培训活动的首要环节,在培训中具有重大作用,具体表现如下。

1. 充分认识现状与目的差距

培训需求分析的基本目标就是确认差距,即确认绩效的应有状况同现实状况之间的差距。绩效差距的确认一般包含三个环节:一是必须对所需要的知识、技能、能力进行分析,即理想的知识、技能、能力的标准或模式是什么;二是必须对现实实践中缺少的知识、技能、能力进行分析;三是必须对理想的或所需要的知识、技能、能力与现有的知识、技能、能力之间的差距进行分析。这三个环节应独立并有序地进行,以保证分析的有效性。

2. 促进人事管理工作和员工培训工作的有效结合

当需求分析考虑到培训和开发时,需求分析的另一个重要作用便是能促进人事分类系统向人事开发系统的转换。包括企业在内的一般组织之中,大部分有自己的人事分类系统。人事分类系统作为一个资料基地,在做出关于补偿金、员工福利、新员工录用、预算等的决策方面非常重要,但在工作人员开发计划、员工培训和解决实际工作中等方面的用处很小。

3. 提供解决工作中实际问题的方法

可供选择的方法可能是一些与培训无关的选择,如组织新设与撤销、某些岗位的人员变动、新员工吸收,或者是几个方法的综合。

4. 能够得出大量员工培训的相关成果

培训需求分析能够作为规划开发与评估的依据。一个好的需求分析能够得出一系列的研究成果,确立培训内容,指出最有效的培训战略,安排最有效的培训课程。同时,在培训之前,通过研究这些资料,建立起一个标准,然后用这个标准来评估培训项目的有效性。

5. 决定培训的价值和成本

如果进行了好的培训需求分析,并且找到了存在的问题,管理人员就能够把成本因素引入培训需求分析。这个时候,如果不进行培训的损失大于进行培训的成本,那么培训就是必要的、可行的。反之,如果不进行培训的损失小于培训的成本,则说明当前还不需要或不具备条件进行培训。

6. 能够获得各个方面的协助

工作人员对必要的工作程序的忽视,并不能排除组织对工作人员承担的责任。如果一个组织能够证明信息和技能被系统地传授,就可以避免或减少不利条件的制约。同时,高层管理部门在对规划投入时间和金钱之前,对一些支持性的资料很感兴趣。中层管理部门和受影响的工作人员通常支持建立在客观的需求分析基础之上的培训规划,因为他们参与了培训需求分析过程。无论是组织内部还是外部,需求分析提供了选择适当指导方法与执行策略的大量信息,这为获得各方面的支持提供了条件。

二、培训需求分析的内容

培训需求分析的内容主要有三个方面：培训需求的对象分析、培训需求的阶段分析、培训需求的层次分析。

（一）培训需求的对象分析

培训对象分为新员工培训和在职员工培训两类，所以培训需求的对象分析包括新员工培训需求分析和在职员工培训需求分析。

1. 新员工培训需求分析

新员工主要进行企业文化、制度、工作岗位的培训，通常使用任务分析法。新员工的培训需求主要产生于对企业文化、企业制度不了解而不能融入企业，或是对企业工作岗位不熟悉而不能胜任新工作。对于新员工培训需求分析，特别是对于企业低层次工作的新员工培训需求，通常使用任务分析法来确定其在工作中需要的各种技能。

2. 在职员工培训需求分析

在职员工主要进行新技术、技能的培训，通常使用绩效分析法。由于新技术在生产过程中的应用，在职员工的技能不能满足工作需要等而产生培训需求。

（二）培训需求的阶段分析

培训活动按阶段，可分为针对目前存在的问题和不足所进行的目前培训和针对未来发展需要所进行的未来培训。因此，培训需求的阶段分析包括目前培训需求分析和未来培训需求分析。

1. 目前培训需求分析

目前培训需求是针对企业目前存在的不足和问题而提出的培训需求，主要包括分析企业现阶段的生产经营目标、生产经营目标实现状况、未能实现的生产任务、企业运行中存在的问题等，找出这些问题产生的原因，并确认培训是解决问题的有效途径。

2. 未来培训需求分析

这类培训需求是为满足企业未来发展需要而提出的培训需求，主要包括预测企业未来工作变化、职工调动情况、新工作职位对员工的要求以及员工已具备的知识水平和尚欠缺的部分。

（三）培训需求的层次分析

培训需求的层次分析从三个层次进行：战略层次、组织层次、员工个人层次。与此相对应，培训需求的层次分析可分为战略层次分析、组织层次分析和员工个人层次分析三种。

1. 培训需求的战略层次分析

战略层次分析要考虑各种可能改变组织优先权的因素，如引进一项新技术、出现了突发性的紧急任务、领导人的更换、产品结构的调整、产品市场的扩张、组织的分合以及财政的约束等;还要预测企业未来的人事变动和企业人才结构的发展趋势(如高中低各级人才的比例、老中青各年龄段领导的比例等),调查了解员工的工作态度和对企业的满意度,找出对培训不利的影响因素和可能对培训有利的辅助方法。

2.培训需求的组织层次分析

组织层次分析主要分析的是企业的目标、资源、环境等因素,准确找出企业存在的问题,并确定培训是否是解决问题的最佳途径。组织层次的分析应首先将企业的长期目标和短期目标作为一个整体来考察,同时考察那些可能对企业目标产生影响的因素。因此,人力资源部必须弄清楚企业目标,才能在此基础上做出一份可行的培训规划。

3.培训需求的员工个人层次分析

员工个人层次分析主要是确定员工目前的实际工作绩效与企业的员工绩效标准对员工技能要求之间是否存在差距,为将来培训效果的评估和新一轮培训需求的评估提供依据。对员工目前实际工作绩效的评估主要依据以下资料:员工业绩考核记录、员工技能测试成绩以及员工个人填写的培训需求调查问卷等资料。

三、培训需求分析的方法与程序

(一)培训需求分析的方法

任何层次的培训需求分析都离不开一定的方法与技术。而这种方法与技术又是多种多样的。在此,从宏观的角度探讨三种方法:必要性分析方法、全面性分析方法、绩效差距分析方法。

1.培训需求的必要性分析方法

(1)必要性分析方法的含义与内容

所谓必要性分析方法,是指通过收集并分析信息或资料,确定是否通过培训来解决组织存在的问题的方法,它包括一系列的具体方法和技术。

(2)九种基本的必要性分析方法与技术

①观察法。通过较长时间的反复观察,或通过多种角度、多个侧面对有典型意义的具体事件进行细致观察,进而得出结论。

②问卷法。其形式可能是对随机样本、分层样本或所有的"总体"进行调查或民意测验。可采用各种问卷形式,如开放式、投射式、强迫选择式、等级排列式等。

③关键人物访谈。通过对关键人物的访谈,如培训主管、行政主管、专家主管等,了解到所属工作人员的培训需要。

④文献调查。通过对专业期刊、具有立法作用的出版物等的分析、研究,获得调查资料。

⑤采访法。可以是正式的或非正式的、结构性的或非结构性的,可以用于一个特定的群体如行政机构、公司、董事会或者每个相关人员。

⑥小组讨论。像面对面的采访一样，可以集中于工作（角色）分析、群体问题分析、目标确定等方面。

⑦测验法。以功能为导向，可用于测试一个群体成员的技术知识熟练程度。

⑧记录报告法。可以包括组织的图表、计划性文件、政策手册、审计和预算报告；对比较麻烦的问题提供分析线索。

⑨工作样本法。采用书面形式，由顾问对已作假设并且相关的案例提供书面分析报告；可以是组织工作过程中的产物，如项目建议、市场分析、培训设计等。

2. 培训需求的全面性分析方法

全面性分析方法是指通过对组织及其成员进行全面、系统的调查，以确定理想状况与现有状况之间的差距，从而进一步确定是否进行培训及培训内容的一种方法。

(1) 全面性分析方法的主要环节

由于工作分析耗费大量时间，且需要系统的方法，因而分析前制订详细的计划对于全面分析方法的成功实施非常重要。在计划阶段，一般包括计划范围的确定和咨询团体的任命两部分内容。

(2) 研究阶段

制订出工作分析的规范以后，工作分析必须探究目标工作。首先检验的信息是工作描述。当研究阶段结束后，工作分析人员应该能从总体上描述一项工作。

(3) 任务或技能目标阶段

这一阶段是工作分析的核心，有两种方法可以应用：一种是形成一个完全详细的任务目录清单，即每一项任务被分解成微小的分析单位；另一种方法是把工作仅剖析成一些任务，然后形成一个描述任务目录的技能目标。

(4) 任务或技能分析阶段

工作任务的重要性是能够分析的维度或频率，频率即一定时间内从事一项任务的次数。其他维度包括所需要的熟练水平、严重性及责任感的强弱程度。熟练水平这一维度主要用来考查在不同的任务中是否需要高级、中级或低级的熟练水平。严重性这一维度主要考查何种任务如果执行得不适当、不合理将会产生灾难性后果。责任感的强弱程度这一维度主要用来考查在职工作人员在不同层次的监督下所表现出来的责任感的大小。

3. 培训需求分析的绩效差距分析方法

绩效差距分析方法也称问题分析法，它主要集中在问题而不是组织系统方面，其推动力在于解决问题而不是系统分析。绩效差距分析方法是一种广泛采用的、非常有效的需求分析法。绩效差距分析法的环节如下。

(1) 发现问题阶段

发现并确认问题是绩效分析法的起点。问题是理想绩效和实际绩效之间差距的一个指标。其类型诸如生产力问题、士气问题、技术问题、资料或变革的需要问题等。

(2) 预先分析阶段

此阶段也是由培训者进行直观判断的阶段。在这一阶段,要注意两个问题:一项是如果发现了系统的、复杂的问题,就要运用全面性分析方法;另一项是确定应用何种工作收集资料。

(3) 资料收集阶段

收集资料的技术有多种,各种技术在使用时最好结合起来,经常采用的有扫描工具、分析工具等。

(4) 需求分析阶段

需求分析涉及寻找绩效差距。传统上,这种分析考查实际个体绩效同工作说明之间的差距。然而,需求分析也考查未来组织需求和工作说明。既然如此,工作设计和培训就高度结合起来。我们可以把需求分析分为工作需求、个人需求和组织需求三个方面。

(5) 需求分析结果

需求分析结果是通过一个新的或修正的培训规划解决问题,是全部需求分析的目标所在。对结果进行分析后,最终确定针对不同需求采取的不同培训方法及不同的培训内容。

(二) 培训需求分析的程序

1. 做好培训前期的准备工作

培训活动开展之前,培训者就要有意识地收集有关员工的各种资料。这样不仅能在培训需求调查时方便调用,而且能够随时监控企业员工培训需求的变动情况,以便在恰当的时候向高层领导者请示开展培训。

(1) 建立员工培训档案

培训部门应建立起员工的培训档案,培训档案应注重员工素质、员工工作变动情况以及培训历史等方面内容的记载。员工培训档案可参照员工人事档案、员工工作绩效记录表等方面的资料来建立。另外,培训者应密切关注员工的变化,随时向其档案里添加新的内容,以保证档案的及时更新和监控作用。

(2) 同各部门人员保持密切联系

培训工作的性质决定了培训部门通过和其他部门之间保持更密切的合作联系,随时了解企业生产经营活动、人员配置变动、企业发展方向等方面的变动,使培训活动开展起来更能满足企业发展需要,更有效果。培训部门工作人员要尽可能和其他部门人员建立起良好个人关系,为培训收集到更多、更真实的信息。

(3) 向主管领导反映情况

培训部门应建立一种途径,满足员工随时反映个人培训需要的要求。可以采用设立专门信箱的方式,或者安排专门人员负责这一工作。培训部门了解到员工需要培训的要求后应立即向上级汇报,并汇报下一步的工作设想。如果这项要求是书面的,在与上级联系之后,最好也以书面形式作答。

(4)准备培训需求调查

培训者通过某种途径意识到有培训的必要时,在得到领导认可的情况下,就要开始需求调查的准备工作。

2. 制订培训需求调查计划

培训需求调查计划应包括以下几项内容。

(1)培训需求调查工作的行动计划

即安排活动中各项工作的时间进度以及各项工作中应注意的一些问题,这对调查工作的实施很有必要。特别是对于重要的、大规模的需求分析,有必要制订一个行动计划。

(2)确定培训需求调查工作的目标

培训需求调查工作应达到什么目标,一般来说完全出于某种培训的需要,但由于在培训需求调查中会有各种客观或主观的原因,培训需求调查的结果并不是完全可信的。所以,要尽量排除其他因素的影响,提高培训需求调查结果的可信度。

(3)选择合适的培训需求调查方法

应根据企业的实际情况以及培训中可利用的资源选择一种合适的培训需求分析方法。如工作任务安排非常紧凑的企业员工不宜采用面谈法,专业技术性较强的员工一般不用观察法。

(4)确定培训需求调查的内容

确定培训需求调查内容的步骤如下:首先要分析这次培训调查应得到哪些资料,然后排除手中已有的资料,就是需要调查的内容。培训需求调查的内容不要过于宽泛,以免浪费时间和费用;对于某一项内容可以从多角度调查,以便取证。

3. 实施培训需求调查工作

在制订了培训需求调查计划以后,就要按计划规定的行动依次开展工作。实施培训需求调查主要包括以下步骤。

(1)提出培训需求动议或愿望

由培训部门发出制订计划的通知,请各责任人针对相应岗位工作需要提出培训动议或愿望。培训需求动议应由理想需求与现实需求或预测需求与现实需求存在差距的部门和岗位提出。

(2)调查、申报、汇总需求动议

相关人员根据企业或部门的理想需求与现实需求或预测需求与现实需求的差距,调查、收集来源于不同部门和个人的各类需求信息,整理、汇总培训需求的动议和愿望,并报告企业培训组织管理部门或负责人。

(3)分析培训需求

申报的培训需求动议并不能直接作为培训的依据。因为培训需求常常是一个岗位或一个部门提出的,存在一定的片面性,所以对申报的培训需求进行分析,就是要消除培训需求动议的片面性,也就是说要全方位分析。

(4)汇总培训需求意见,确认培训需求

培训部门对汇总上来并加以确认的培训需求列出清单,参考有关部门的意见,根据重要程度和迫切程度排列培训需求,并依据所能收集到的培训资源制订初步的培训计划和预算方案。

4.分析、输出培训需求结果

(1)对培训需求调查信息进行归类、整理

培训需求调查信息来源于不同的渠道,信息形式有所不同,因此,有必要对收集到的信息进行分类,并根据不同的培训调查内容进行信息的归档,同时要制作表格对信息进行统计,并利用直方图、分布曲线图等工具将信息所表现趋势和分布状况予以形象地处理。

(2)对培训需求分析、总结

对收集上来的调查资料进行仔细分析,从中找出培训需求。此时应注意个别需求和普遍需求、当前需求和未来需求之间关系。要结合业务发展的需要,根据培训任务重要程度和紧迫程度对各类需求进行排序。

(3)撰写培训需求分析报告

对所有的信息进行分类处理、分析总结以后,根据处理结果撰写培训需求分析报告,报告结论要以调查信息为依据,不能凭个人主观看法得出结论。

第三节　多维视角下培训与开发的计划与实施

一、培训计划工作概述

(一)培训计划的概念

培训计划是按照一定的逻辑顺序排列的记录,它是从组织的战略出发,在全面、客观的培训需求分析基础上做出的对培训内容、培训时间、培训地点、培训者、培训对象、培训方式和培训费用等的预先系统设定。

(二)培训计划的类型

培训计划要着重考虑可操作性和效果。以时间跨度为标准,培训计划可以分为长期培训计划、中期培训计划、短期培训计划。

1.长期培训计划(3年以上)

长期培训计划必须明确培训的方向性,考虑组织的长远目标、个人的长远目标、外部环境发展趋势、目标与现实的差距、人力资源开发策略、培训策略、培训资源配置、培训支援的需求、培训内容的整合、培训行动步骤、培训效益预测、培训效果预测等因素。

2. 中期培训计划(1~3年)

中期培训计划是长期计划的进一步细化,要明确培训中期需求、培训中期目标、培训策略、培训资源分配等因素。

3. 短期培训计划(1年以下)

从目前国内组织的培训实践来看,通常所说的培训计划大多是短期培训计划,更多的是某次或某项目的培训计划。

以上三种计划属于从属关系,从长期到短期培训计划工作不断细化。

二、培训计划的制订

(一)确立培训目的与目标

1. 培训目标的分类

培训目标可以分为提高员工在企业中的角色意识、提高知识和技能、转变态度。培训目标可分为若干层次,从某一培训活动的总体目标到某个学科直至每堂课的具体目标,越往下越具体。

2. 确定培训目标的注意事项

确定培训目标应当和组织长远目标相吻合,一次培训的目标不要太多,要从学习者的角度出发,明确说明预期课程结束后学员可以拥有哪些知识、信息及能力。目标确立应符合SMART原则,即目标必须是具体的、可以衡量的、目标可以达到的,目标必须和其他目标具有相关性和明确的截止期限。

(二)确定培训时间

培训时间主要包括培训时机和培训的持续时间。

1. 选择培训时机

企业可选择以下时间作为培训时机:①新员工加盟时。②新技术、新设备引进或生产工艺流程变更时。③满足补救需要时(缺乏合格员工)。

2. 确定培训的持续时间

企业应根据以下因素确定培训的持续时间:①培训内容。②培训费用。③学员素质。④学员的工作与休闲时间的分配。

(三)确定培训场所与设施

确定培训场所与设施时必须注意以下问题:①培训场所的多样化。②判断培训场所与设施的基本要求,即舒适度与合适度。③场所选择必须考虑各种细节。

(四)确定培训者

培训者有广义和狭义之分。广义的培训者包括培训部门领导人、培训管理人员以及培训师;狭义的培训者专指培训师。

1.培训部门领导人的条件

培训部门领导人的条件包含以下方面:①对培训工作富有热情,具有敬业精神。②有培训与开发工作的实际经验。③以身作则,对受训者和自己一视同仁。④富有远见,能清楚地分析组织的培训要求,对人力资源发展有战略眼光。⑤有良好的知识结构,特别是有培训与开发的专业知识。⑥有良好的职业道德品质和身体状况。

2.培训管理人员的条件

培训管理人员的条件包含以下方面:①善于与人打交道。②工作主动、积极。③有任劳任怨的精神。④有一定的组织管理能力。

3.培训师的条件

培训师是企业培训活动的关键环节,培训师资水平直接影响培训活动的实施效果,甚至可能会影响企业领导对人力资源部门和企业培训与开发工作的基本看法。培训师可以来自企业内部或外部。

企业内部的培训讲师是企业培训师资队伍的主体,他们能有效传播企业真正需要的知识与技能,对企业有效经验和成果进行共享和复制;同时选择优秀员工担任讲师,为员工职业生涯发展开辟更广阔的道路。所以,企业应注意对内部讲师的培养和激励以及制度建设问题。外部讲师的选拔同样要遵照相应的程序,还应考虑促进外部讲师授课成果的有效转化。

三、编制培训计划书

(一)概念

培训计划书是关于培训计划制定结果的一份文字总结。具体包括培训项目名称、培训目的、培训进度、培训内容、培训步骤、意外控制、注意事项、策划人、日期等。

(二)作用

第一,可对整个项目做一个清晰的交代,同时充分陈述项目的意义、作用和效果,简化培训程序。

第二,信息与分析结果高度浓缩的培训计划书可为高层领导的决策提供必要的依据和便利。

第三,可预先帮助管理者加深对培训项目各个环节的了解,从而做到统筹规划。

(三)编写技巧

编写技巧包含以下方面:①项目名称要尽可能详细地写出。②应写明培训计划者所属部门、职务、姓名。团队形式则应写出团队名称、负责人、成员姓名。③培训计划的目的要尽可能简明扼要,突出核心要点。④培训计划书内容应在认真考虑受众的理解力和习惯的基础上详细说明,表现方式宜简单明了,并可适当加入一些图表。⑤详细阐述计划培训的预期效果与预测效果,并解释原因。⑥对计划中出现的问题要全部列明,不应回避,并阐述计划者的看法。⑦培训计划书是以实施为前提编制的,通常会有很多注意事项,在编写时应将它们提出来供决策者参考。

四、培训材料

培训材料指能够帮助学习者达成培训目标、满足培训需求的所有资料,具体包括课程描述、课程的具体计划、学员用书、课前阅读资料、教师教学资料包(视听材料、练习册、背景资料、电脑软件等)、小组活动的设计与说明、测试题目。

五、培训实施

(一)明确培训学习的原则

1. 近期目标和长远战略相结合的原则

为了制订科学的、切实可行的培训计划,应该对企业人才需求进行预测,并且充分考虑到企业的生产经营特点、近期目标、长远规划,以及社会劳动力供求变化趋势等因素。要对培训的目标、方法、效益进行周密、细致的研究。通过制订和执行培训计划,保持培训的制度化和连续性。企业还应建立培训效果的追踪检查方案,并根据生产经营的变化,随时对培训计划做出相应的修订。

2. 全员培训与重点提高相结合的原则

全员培训就是有计划、有步骤地对在职的所有员工进行培训,这是提高全体员工素质的必经之路。为了提高培训投入的回报率,培训必须有重点,即注重对企业兴衰有着重大影响的管理和技术骨干,特别是中高层管理人员的培训;再者,有培养前途的梯队人员,更应该有计划地进行培训与开发。

在坚持全员培训与重点提高相结合的原则的同时,要因材施教,处理好学员共性和个性的关系。也就是说,要针对员工的不同文化水平、不同职务岗位、不同要求以及其他差异,区别对待。只有这样,才能最大限度地发挥培训的功能,使员工的才能在培训活动中得到培养和提高,并在生产经营中得以实现。

3. 知识技能培训与企业文化培训兼顾的原则

培训与开发的内容,除了文化知识、专业知识、专业技能外,还应包括理想、信念、价值观、道德观等方面的内容。而后者又要与企业目标、企业文化、企业制度、企业优良传统等结合起来,使员工在各方面都能够符合企业的要求。

4. 理论联系实际,学以致用的原则

员工培训应当有明确的针对性,一定要从本企业实际出发,从实际工作的需要出发,根

据企业的实际需要组织培训,使培训与生产经营实际紧密结合,与职位特点紧密结合,与培训对象的年龄、知识结构、能力结构、思想状况紧密结合,目的在于通过培训让员工掌握必要的技能以完成规定的工作,最终为提高企业的经济效益服务。企业培训既不能片面强调学历教育,也不能片面追求立竿见影。

5.培训效果的反馈与强化原则

培训效果的反馈与强化是不可缺少的重要环节。培训效果的反馈指的是在培训后对员工进行检验,其作用在于巩固员工学习的技能,及时纠正错误和偏差。反馈的信息越及时、准确,培训的效果就越好。强化则是指由于反馈而对接受培训人员进行的奖励或惩罚。其目的一方面是奖励接受培训并取得绩效的人员,另一方面是加强其他员工的培训意识,使培训效果得到进一步强化。

6.培训活动的持久性原则

培训作为人力资源体系中的一个很重要的环节,要充分认识到培训的持续作用。仅仅几次培训很难达到预期效果,也不符合人力资源发展规律,那种试图"一蹴而就"的做法是不可取的,时冷时热式的培训虽然可以在一定程度上取得效果,但会挫伤员工的积极性。

7.培训活动的协调性

首先是时间上的协调。有的培训需要较长的时间,这就不可避免地产生时间冲突,尤其是与员工私人时间的冲突。如果占用太多私人时间,员工参加培训时就会心不在焉,培训效果自然大打折扣。

其次是组织上的协调。有的培训很难把参加的人员组织好,诸如出差、工作忙、开会等因素都会影响培训的人员安排,这就需要培训部门和相关人员协调好,保证大家都有机会参加。

(二)合理选择培训的方法

完善企业员工培训方法的途径

针对目前国内企业员工培训工作中所存在的弊端和不足,企业员工培训工作要根据企业培训的新目标、新内容,总结其他企业的培训经验,建立符合自身特色和时代特征并符合规律性、富有实效性的系统方法,具体需要从以下几个方面努力。

(1)注意运用渗透式培训方法

不断加强渗透式培训,是今后企业员工培训方法发展的一个趋势。企业应借鉴国内外先进大公司的有益做法并结合自身特点,探索具体渗透方法。首先,寓员工培训于企业文化建设之中。可通过企业愿景、战略目标、企业价值观等的宣传,引导员工从中获得良好的企业氛围熏陶,提高综合素质,摆正价值取向,选择正确的、和企业发展一致的职业生涯。其次,寓员工培训于开放模式之中。开放型的培训模式应该是"面向世界、面向社会、走出企业、多方参与、内外开放、齐抓共管"的模式。

(2)注意运用隐性培训的方法

我国企业的员工培训比较侧重于显性方法,即能让员工明显感到培训意图的方法。这种方法有利于对员工进行正面系统的理论培训,而且容易对培训过程进行监控和评估。但光靠显性方法是不够的,应结合企业实际,借鉴运用隐性培训方法,使员工在不知不觉中得到提高。

(3)注意运用灵活多样的培训方法

正确认识员工的层次性、差异性,是实施灵活多样的培训方法的前提。这就需要与时俱进,以更加多样的方法增强员工培训的针对性和实效性。当然,强调员工培训方法的多样性,并不等于否定员工培训内容的主导性,应用培训方法的多样性来丰富培训主导性的内容,两者相互依存、相互促进、共同发展。

(4)注意科学化的培训方法

传统的企业培训从"本本"出发,沿袭常规不变的教条;而当今时代的员工培训从目标设计到具体实施都经过科学的评估和实验过程,是经过反复论证筛选的结果。科学化的培训方法表现在普遍使用各种较先进的科技来辅助培训,用计算机来处理分析有关资料;也表现在培训观念更新和实践领域的通俗化上。

第四节　培训与开发的方法

一、培训的方法

由于社会经济、技术的发展、企业经营活动的调整以及员工工作岗位的变迁,都要求员工掌握新知识、新技能,树立新观念。因此,对在职员工进行定期的、连续的培训是必不可少的。

培训开发的方法很多,在进行不同的培训时,要根据公司培训的需要、培训的内容以及培训的对象等方面,合理地选择相应的方法。

(一)直接传授型培训法

直接传授型培训法适用于知识类培训,主要包括讲授法、专题讲座法和研讨法等。

1.讲授法

讲授法是传统模式的培训方法。指培训者用语言传达想要受训者学习的内容。讲授法是按照一定组织形式有效传递大量信息的一种培训方法。不论新技术如何发展,讲授法一直很受欢迎的主要原因是它可以凭借较低成本、在短时间内向大批受训者提供培训。在企业培训中,经常开设的专题讲座就是采用讲授法进行的培训,适用于向群体学员介绍或传授某一个单一课题的内容。培训场地可选用教室、餐厅或会场,教学资料可以事先准备妥当,教学时间也容易由讲课者控制。这种方法要求授课者对课题有深刻的研究,并对学员的知识、兴趣及经历有所了解。重要技巧是要保留适当的时间进行培训员与培训对象之间的沟通,用问答形式获取学员对讲授内容的反馈。另外,授课者表达能力的发挥、视听设备的使用也是提高效果的有效的辅助手段。除了作为能够传递大量信息的主要沟通方法之外,讲授法还可作为其他培训方法的辅助手段,如行为示范和技术培训。

讲授法也有不足之处,这种学习的沟通主要是单向的——从培训者到听众。它缺少受训者的参与、反馈以及与实际工作环境的密切联系,这些都会阻碍学习和培训成果的转化。讲授法不太能吸引受训者的注意,因为它强调的是信息的聆听,讲授法使培训者很难迅速而有效地把握学习者的理解程度。为克服这些问题,讲授法常常会附加问答、讨论和案例研究。适宜于对本企业一种新政策或新制度的介绍与演讲、引进新设备或技术的普及讲座等理论性内容的培训。

2. 讨论法

讨论法是对某一专题进行深入探讨的培训方法,目的是解决某些复杂的问题,或通过讨论的形式使众多培训对象就某个主题进行深度沟通,谋求观念看法的一致,适用于以研究问题为主的培训内容。采用讨论法培训,必须由一名或数名培训师担任讨论会的主持人,对讨论会的全过程实施策划与控制。参加讨论培训的学员人数一般不宜过多,也可分为若干小组进行讨论。讨论法培训的效果,取决于培训师的经验与技巧,对培训师的要求较高。

在培训前,培训师要花费大量的时间对讨论主题进行分析准备,设计方案时要征集学员的意见。学员应事先对讨论主题有认识并有所准备。在讨论过程中,要求培训员具有良好的应变、临场发挥与控制的才能。作为讨论会的主持人,要善于激发学员踊跃发言,引导学员自由发挥想象力,增加群体培训的参与性;还要控制好讨论会的气氛,防止讨论偏离主题。通过分阶段对讨论意见进行归纳小结,逐步引导学员对讨论结果达成比较统一的认识。

3. 多媒体视听法

就是利用现代视听技术(如投影仪、录像、电视、电影、计算机等工具)对员工进行培训,这也是最常用的培训方法之一。在培训中,视听法很少单独使用,常和讲授法搭配使用。视听法在播放视听工具前要清楚地说明培训的目的;依据讲课的主题选择合适的视听教材;在观看后以播映内容来开展讨论,以增加理解;讨论后培训师做重点总结或将如何应用在工作上的具体方法告诉培训对象。由于视听培训是运用视觉和听觉的感知方式,直观鲜明,所以相比讲授法给人更深的印象;教材生动形象且给学员以真实感,所以也比较容易引起培训对象的关心和兴趣;视听教材可反复使用,从而能更好地适应培训对象的个别差异和不同水平的要求。

录像是现代视听技术常用的工具之一。它可以用来提高学员的沟通技能、谈话技能和顾客服务技能,并能详细阐明一道程序(如调试等)的要领。在培训中使用录像有很多优点:

第一,培训者可以重播、慢放或快放课程内容,可以根据受训者的专业水平来灵活调整培训内容与时间;第二,从感官上让员工身临其境,使之对不了解、不熟悉的东西有更直观的认识,可让受训者接触到不易解释说明的设备、难题和事件,如设备故障、顾客抱怨或其他紧急情况;第三,受训者可接受相同的指导,使项目内容不会受到培训者兴趣和目标的影响;第四,通过现场摄像可以让受训者亲眼看见自己的绩效而无须培训者过多的解释。受训者则不能将绩效差归咎于外部评估人员。

(二)实践型培训法

实践型培训适用于以掌握技能为目的的培训,经济有效,易于测评。

1. 操作示范法

操作示范法指新雇员或没有经验的雇员通过观察并效仿同事或管理者工作时的行为来学习。操作示范法是部门专业技能训练的通用方法,一般由部门经理或管理员主持,由技术能手担任培训员,在现场先向培训对象简单地讲授操作理论与技术规范,再进行标准化的操作示范表演。学员则反复模仿实习,经过一段时间的训练,使操作逐渐熟练直至符合规范的程序与要求,达到运用自如的程度。培训员在现场做指导,随时纠正操作中的错误。这种方法是一种很受欢迎的方法,因为与其他方法相比,它在材料、培训者的工资或指导方案上投入的时间或资金相对较少。操作示范法不足之处在于管理者或同事完成一项任务的过程并不一定相同,他们可能既传授了有用的技能,也传授了个人的不良习惯,他们可能并不了解演示、实践和反馈是进行有效的操作示范的重要条件,有时会使培训显得单调而枯燥,培训员可以结合其他培训方法与之交替进行,以增强培训效果。

操作示范法适用于新雇用的雇员,在引入新技术时帮助有经验的雇员进行技术升级,在一个部门或工作单位内对雇员进行交叉培训,以及帮助岗位发生变化或得到晋升的雇员适应新工作。

2. 现场培训法

现场培训法是指根据工作的需要在工作现场进行实战性的培训。这种培训比较适合于技能方面的培训,可以同时应用多种培训方式。目前,我国企业内部的培训缺乏现场类的培训,这种培训的效果最直接、最有用,取得讲解无法达到的效果。

3. 现场个别培训法

现场个别培训法又称师徒式培训法,强调单个的一对一的现场个别培训,是一种传统的培训方式。师带徒是最重要的培训制度之一。这种传统的学习方法,是将学员作为弱势方由某项技能或专业知识高于学员的强势方对其进行培训,以达到学习的目的。具体做法是,培训对象紧跟在有经验的老员工后面,一边看,一边问,一边做帮手,来学习工作程序。在企业培训实践中,这种方法用在技术行业较多,如传统手工业或对技巧讲究传承而较少强调创新的行业。这种培训方法的不足是容易抹杀员工的创新能力,且培训内容由师傅能力来决定,培训面较窄,可能只是单一技能的学习。这种培训方式基本不适于差异化战略企业。

4. 工作轮换法

工作轮换法是企业培训中常用的方法之一。要求培训对象在培训期间按顺序对岗位进行轮换,从而熟悉每个工作岗位并且吸取经验。此方法对于企业的新进员工培训特别有帮助。工作轮换的优点是可以丰富员工的经验及工作能力,能识别培训对象的长处与短处,企业可以通过工作轮换了解培训对象的专长与兴趣爱好,从而更好地对培训者进行开发。同时,工作轮换可以增进培训对象对各部门管理工作的了解,开阔员工的视野,扩大员工的知识面,为受训对象以后完成跨部门、合作性的任务打下坚实的基础。工作轮换的缺点是企业内部培训员工在每个轮换的工作岗位上停留时间太短,所学的知识不精。因此这种方法适合于一般直线管理人员,不适用于职能管理人员的培训。

(三)参与型培训法

参与型培训法是通过互动学习使受训对象在活动中获得知识、技能,掌握正确的行为方式,以达到培训目的。

1. 自学法

自学法是人们获取知识的最重要的方法之一。这里所讲的自学方法主要是指员工自己全权负责的学习,包括什么时候学习及谁将参与到学习过程中来。受训者不需要任何指导者,只需按照自己的进度学习预定的培训内容。培训者只是作为一名辅助者。运用这种方法,要注意以下几点。①培训的组织者要相信员工的求知欲望和自学能力,凡适于员工自学的内容,应动手让员工通过自学来完成。②在制订教学计划时,要给员工安排必要的自学时间,尽量为员工提供充足的自学资料。③要加强对员工自学的指导和管理,如提出要求并在适当的时候进行考核。

自学法在未来会越来越普遍,因为公司希望能灵活机动地培训雇员,不断使用新技术,并且鼓励雇员积极参与学习而不是迫于雇主的压力而学习。自学法的主要不足在于它要求受训者必须愿意自学,即有学习动力。

2. 游戏培训法

游戏培训法是一种寓教于乐的较先进的高级培训方法。培训的对象是企业中较高层次的管理人员。相比传统培训方法,游戏培训法具有更加生动、更加具体的特点。游戏培训法因游戏的设计使学员在决策过程中会面临一些切合实际的管理矛盾,需要培训对象积极地参与训练,运用有关的管理理论与原则、决策力与判断力对游戏中所设置的种种遭遇进行分析研究,采取必要的有效办法去解决问题,以争取游戏的胜利。这种方法可以充分调动员工积极性,提高员工发现问题、解决问题的能力。

3. 模拟培训法

模拟培训法是一种侧重对操作技能和敏捷反应的培训方法,它通过把受训者置于模拟的现实工作环境中,让受训者反复操作训练,以解决实际工作中可能出现的各种问题,为进入实际工作岗位打下基础。模拟实训法比传统的课堂教学更具有场景感、更直观,参与者的体会更深刻。

4. 角色扮演法

角色扮演法也是一种模拟训练方法。适用的对象为实际操作人员或管理人员,由培训对象扮演某种训练任务的角色,使他们真正体验到所扮演角色的感受与行为,以发现及改进自己原先职位上的工作态度与行为表现,多用于改善人际关系的训练中。人际关系上的感受常因所担任的职位不同而异。为了增进对对方情况的了解,在角色扮演法训练中,培训对象常扮演自己工作中所接触的对方的角色而进入模拟的工作环境,以获得更好的培训效果。采用角色扮演法培训时,扮演角色的培训对象数量有限,其余培训对象则被要求在一边仔细观察,对角色扮演者的表现用"观察记录表"方式,对其姿势、手势、表情和语言表达等项目进行评估,以达到培训的效果。观察者与扮演者应轮流互换,这样就能使所有受训者都有机会参加模拟训练。

5. 案例研讨法

案例研讨法是确定一定的培训目的后,选取适合实际的典型案例,用集体讨论方式进行培训的方法。与讨论法的不同之处在于,应用研讨不单是为了解决问题,更是侧重培养培训对象对问题的分析判断和解决能力。案例研究法选择案例应具有真实性,不能随意捏造,案例要和培训内容相一致。培训对象组成小组来完成对案例的分析,做出判断,提出解决问题的方法。在对特定案例的分析、辩论中,培训对象集思广益,共享集体的经验与意见,有助于在未来实际业务工作中建立一套系统的思考模式。同时培训对象在研讨中还可以学到有关管理方面的新认识与新原则。培训师应事先对案例进行充分的准备,经过对培训对象情况的深入了解,确定培训目标,针对目标收集具有客观性与实用性的资料,根据预定的主题编写案例或选用现成的案例。在正式培训中,事先安排培训对象有充足的时间研读案例,引导他们产生身临其境、"感同身受"的感觉,使他们如同当事人一样去思考和解决问题。案例讨论可按以下步骤开展,即发生什么问题、问题因何引起、如何解决问题、今后采取什么对策。适用的对象是中层以上的管理人员,目的是训练他们具有良好的决策能力,帮助他们提高在紧急状况下处理各类事件的能力。

二、培训中存在的误区

(一)培训缺乏明确定位

部分企业对于员工培训缺乏正确的价值理念和指导思想,没有从企业战略管理的角度来看待培训,随意性比较大。没有认真分析企业发展战略对于人力资源的需求,缺乏对培训工作的深层次思考,在制订培训计划、设计培训方案以及确定培训内容、形式上没有与企业发展战略相结合,为了培训而培训。其表现为,根据上级领导的指示,培训部门简单地应付了事,习惯性、重复性的培训较多;把培训当作员工的福利,经常是来场讲座,外派学习一周等,与本职工作关联度低的培训占相当比例;把培训当作一种应急式工作,培训缺乏系统性,没有将培训与员工的职业生涯规划和企业长期发展战略相结合,达不到真正激励员工的目的,更谈不上将培训制度融入企业文化之中。

（二）培训对象的选择

在选择培训对象时通常容易犯以下四种错误。①同一期培训的人数太多,工作量太大,不能保证有足够的时间培训每个人,达不到预期的培训效果。②管理者把精力集中在培训绩效最差的人身上。③管理者通常忽略了那些稍加培训就会取得显著进步的员工。④闲人培训,忙人没时间培训,急需人员不培训。

（三）忽略了培训对象的需求

在培训的前期准备、策划和选择过程中,很多培训部门是站在企业的立场来选择培训内容的,未把员工个人需求考虑进去,这样势必会造成内容设计与工作任务的脱节。有些单位认为工作最主要,只让那些没什么事的工作人员参加培训。主要表现是一些骨干或管理层岗位,本应该跟上知识的更新,但是因为忙于工作,长期得不到外出培训的机会。

不少企业为了降低培训的人均成本,培训中普遍存在内容庞杂、目标过大、人员过杂的现象。经常出现同一期培训中,各部门、各层次的人员坐在一起听着同样的课程。再者,培训进入实施阶段时,很少有人过问,没有进行必要的探讨和互动交流,这种"不重视"的做法势必影响到培训的效率。

（四）培训经费的分配

在现实的管理实践中,很多人认为培训与发展应该是人事和培训部门的事,因为他们控制着公司的培训经费,有更先进的培训技术和手段,这实际上是一种错误的观念。一个公司的培训费用应该尽可能落实到最低管理层。那些被期望取得某种发展成就的人才应该得到一定的经费保证,这样才能最大限度地得到发展的机会。公司的高层部门应该集中于分配、管理、顾问,具体有效的培训工作大都应该由各分部的经理来完成,高层培训部门并不一定控制培训与发展的具体活动。

（五）轻视企业培训的评估和监督

培训评估是培训效果监督、检验的重要环节,只有对培训进行全面评估,才能改进培训质量,增强培训效果,降低培训成本,提高员工的参与兴趣。

在现实工作中,有些企业重视培训,但却忽视了培训的后期评估和监督,使员工感觉学而无用。也有些企业的培训评估仅仅是对培训内容的考核,并没有深入员工的工作行为、态度改变、绩效改善、能力提高,以及能够为企业带来什么效益上去考虑,评估工作还停留在低水平层次上。还有些企业缺乏对培训评估系统的记录,缺乏对培训的专业管理,没有建立完整的培训信息系统。

第五节　培训与开发的效果评估

一、培训效果评估的作用

(一)培训效果评估是整个培训系统模型的重要组成部分

在整个培训系统中,培训效果评估是一个非常重要的组成部分。没有培训效果评估,整个培训系统将不完整。一个完整的培训系统模型,应该从组织、工作和个人三方面进行分析,确定培训需求;然后进行培训目标的确定,通过确定培训目标,可以确定培训的对象、内容、时间和方法等;接下来是进行培训计划的拟订,这是培训目标的具体化和操作化;下一步是实施培训活动;最后一步便是培训效果评估。在进行评估时,通过对整个培训项目的成本收益或存在的问题进行总结,为下次培训项目的开展和改进提供有力的帮助。

(二)培训效果评估是培训循环系统的一个关键环节

培训过程应该是一个系统性的循环过程。在这个循环系统中,培训效果评估同样是整个过程的重要环节,属于独立的核心部分,是整个培训系统的一部分,而不是一个孤立的环节,它的变化将影响许多其他子系统的变化。培训效果评估在整个培训系统中有重要的地位,它会给培训过程其他环节带来益处。

(三)培训效果评估可以提高培训的地位

企业培训不同于学校教育。学校教育是一种文化活动,其宗旨是提高全民文化素质,而不要求立即获得现实的经济利益。但是,企业培训通常由企业自身承担,需要消费企业的稀缺资源。培训效果评估能够反映出培训对于企业的作用,同时也充分体现出人力资源部门在组织中的重要作用。特别是在评估中采用一些定量指标进行分析,能够让组织中的每个员工和管理者看到培训投资的有效性,证明培训投资决策的正确性,提高组织管理者对培训的重视,加大对培训的投入。

二、培训效果评估的内容

有关培训效果评估的最著名模型是由美国学者柯克帕特里克提出的。从评估的深度和难度看,柯克帕特里克的模型包括反应层、学习层、行为层和结果层四个层次,这也是培训效果评估的主要内容。人力资源培训人员要确定最终的培训评估层次和内容,因为这将决定要收集的数据种类。

(一)反应层评估

反应层评估是指受训人员对培训项目的看法,包括对材料、讲师、设施、方法和内容等的看法,这些反应可以作为评估培训效果的内容和依据。反应层评估的主要方法是问卷调查。

问卷调查是在培训项目结束时,收集受训人员对于培训项目的效果和有用性的反应,受训人员的反应对于重新设计或继续培训项目至关重要。反应问卷调查易于实施,通常只需要几分钟的时间。

(二)学习层评估

学习层评估是目前最常见也最常用到的一种评价方式。它是测量受训人员对原理、事实、技术和技能的掌握程度。学习层评估的方法包括笔试、技能操练和工作模拟等。培训组织者可以通过笔试、绩效考核等方法来了解受训人员培训后在知识以及技能方面有多大程度的提高。

(三)行为层评估

行为层评估往往发生在培训结束后的一段时间,由上级、同事或客户观察受训人员,确定其行为在培训前后是否有差别,他们是否在工作中运用了培训中学到的知识。这个层次的评估可以包括受训人员的主观感觉、下属和同事对其培训前后行为变化的对比,以及受训人员本人的自评。这种评价方法要求人力资源部门与职能部门建立良好的关系,以便不断获得员工的行为信息。

(四)结果层评估

结果层评估上升到组织的高度,即评估组织是否因为培训而经营得更好。这可以通过一些指标来衡量,如事故率、生产率、员工流动率、质量、员工士气以及企业对客户的服务等。通过对这些组织指标的分析,企业能够了解培训带来的收益。例如人力资源开发人员可以通过比较培训前后事故率,分析事故率的下降有多大程度归因于培训,确定培训对组织整体的贡献。

三、培训效果评估的方法

(一)培训效果的定性、定量评估方法

1. 培训效果的定性评估方法

培训效果的定性评估方法是指评估者在调查研究、了解实际情况的基础之上,根据自己的经验和相关标准,对培训效果做出评价的方法。这种方法的特点在于评估的结果只是一种价值判断,如"培训整体效果较好""培训讲师教学水平很高"之类的结论,因此它适合于对不能量化的因素进行评估,如员工工作态度的变化。目前国内大多数企业采用这种培训评估方法。

2. 培训效果的定量评估方法

定性评估方法只能对培训活动和受训人员的表现做出原则的、大致的、趋向性的判断,而定量评估方法能对培训作用的大小、受训人员行为方式改变的程度及企业收益多少给出数据解释,通过调查统计分析来发现和阐述行为规律。从定量分析中得到启发,然后以描述形式来说明结论,这在行为学中是常见的处理方法。

(二)培训效果评估的主要技术方法

培训效果评估技术通过建立培训效果评估指标及评估体系,对培训的成效进行检查与评价,把评估结果反馈给相关部门。它可作为下一步培训计划与培训需求分析的依据之一。以下介绍几种培训效果评估的技术方法。

1. 目标评价法

目标评价法要求在制订培训计划时,将受训人员完成培训计划后应学到的知识、技能,应改进的工作态度及行为,应达到的工作绩效标准等目标列入其中。培训课程结束后,应将受训者的测试成绩和实际工作表现与既定培训目标相比较,得出培训效果,作为衡量培训效果的根本依据。目标评价法操作成功的关键在于确定培训目标,所以在培训实施之前企业应制订具有可确定性、可检验性和可衡量性的培训目标。

2. 绩效评价法

绩效评价法是由绩效分析法衍生而来的。它主要用于评估受训者行为的改善和绩效的提高。绩效评价法要求企业建立系统而完整的绩效考核体系。在这个体系中,要有受训者培训前的绩效记录。在培训结束 3 个月或半年后,对受训者再进行绩效考核时,只有对照以前的绩效记录,企业才能明确地看出培训效果。

3. 关键人物评价法

所谓的关键人物是指与受训者在工作上接触较为密切的人,可以是他的上级、同事,也可以是他的下级或者顾客等。有研究发现,在这些关键人物中,同级最熟悉受训者的工作状况,因此,可采用同级评价法,向受训者的同级了解其培训后的改变。这样的调查通常很容易操作,可行性强,能够提供很多有用信息。

4. 测试比较法

无论是国内的学者还是国外的学者,都将员工通过培训学到的知识、原理和技能作为企业培训的效果。测试比较法是衡量员工知识掌握程度的有效方法。在实践中,企业会经常采用测试法评估培训效果,但效果并不理想,原因在于没有加入任何参照物,只是进行简单的测试,而有效的测试法应该是具有对比性的测试比较评价法。

5. 收益评价法

企业的经济性特征迫使企业必须关注培训的成本和收益。培训收益评价法就是从经济角度综合评价培训项目,计算出培训为企业带来的经济收益。

这五种培训效果评估方法,一般可以多种方法联合使用。企业在操作中,可以利用一些常用的工具,如问卷调查、座谈会、面谈、观察等,取得相关数据,再将两组或多组不同的数据进行分析比较。

第五章　多维视角下绩效管理

第一节　绩效管理的基础认知

一、绩效的含义与特点

(一)绩效的含义

绩效的原意是指表现和成绩。目前对绩效的界定主要有三种观点:一种观点认为,绩效是结果;另一种观点认为,绩效是行为;还有一种观点则强调员工潜能与绩效的关系,关注员工素质,关注未来发展。最后一种观点不再认为绩效是对历史的反应,而是强调员工与绩效的关系,关注员工素质、关注未来发展。在实际应用中,对于绩效概念的认识,可划分为五种:①绩效就是完成工作任务;②绩效就是工作结果;③绩效就是行为;④绩效就是结果与过程(行为)的统一体;⑤绩效＝做了什么(实际收益)＋能做什么(预期收益)。

在管理学科中,绩效是组织中个人(群体)特定时间内的可描述的工作行为和可测量的工作结果,以及组织结合个人(群体)在过去工作中的素质和能力,指导其改进完善,从而预计该人(群体)在未来特定时间内所能取得的工作成效的总和。

(二)绩效的特点

绩效是组织期望的结果,是组织为实现其目标而展现在不同层面上的有效输出,因而它具有多因性、多维性和动态性。

1. 多因性

绩效多因性是指绩效的优劣不是取决于单一的因素,而是由多种因素共同决定的。影响员工工作绩效的因素主要有能力、激励、机会和环境四个因素。绩效和影响因素之间的关系可以用一个公式加以表示:

$$P = f(A, O, M, E)$$

在这个关系式中,f 表示一种函数关系;A 就是能力;O 就是机会;M 就是激励;E 就是环境。这个公式表明,绩效是能力、激励、机会和环境四种变量的函数。其中能力和激励为员工自身所拥有,属于主观因素,直接对绩效产生影响;而机会和环境则是客观因素,对绩效产生间接影响。

2. 多维性

绩效多维性就是我们在进行绩效考评工作时,需要从多个角度对员工的绩效进行分析与考评。如在实际中我们不仅要考虑员工完成产量指标的进展情况,还要考虑其出勤、工作态度与其他岗位的协作沟通等方面,综合性得到最终评价。

3. 动态性

绩效动态性就是员工的绩效随着时间的推移会发生变化,在绩效管理中,对员工的绩效考核,其考察的内容只是过去一段时间内工作情况的反映。由于能力水平、激励状态以及机遇、环境因素的变化,绩效差的员工可能会随着时间的推移提高自己的绩效水平,而绩效好的员工却有可能降低自己的绩效水平。

二、绩效考核与绩效管理的含义

(一)绩效考核的含义

绩效考核也称成绩或成果测评,是指企业在既定的战略目标下,运用特定的标准和指标,采取科学的方法,对员工的工作行为及取得的工作业绩和由此带来的诸多效果做出价值判断的过程。绩效考核是企业绩效管理中的一个环节,常见绩效考核方法包括平衡记分卡、关键绩效指标及360度考核等。

绩效考核本质上是一种过程管理,而不是仅仅对结果的考核。它是将中长期的目标分解成年度、季度、月度指标,不断督促员工实现、完成的过程,有效的绩效考核能帮助企业达成目标。

(二)绩效管理的含义

绩效管理是指各级管理者和员工为了达到组织目标共同参与的绩效计划制订、绩效辅导沟通、绩效考核评价、绩效结果应用、绩效目标提升的持续循环过程。绩效管理的目的是持续提升个人、部门和组织的绩效。

绩效管理的过程通常被看作一个循环,这个循环分为四个环节,即绩效计划、绩效辅导、绩效考核与绩效反馈。

绩效管理强调了以下四方面内容。

1. 系统性

绩效管理是一个完整的系统,不是一个简单的步骤。说到底它是一个管理手段,管理的所有职能它都涵盖:计划、组织、领导、协调、控制。所以,我们必须系统地看待绩效管理。

2. 目标性

绩效管理强调目标管理,"目标+沟通"的绩效管理模式被广泛提倡和使用。只有绩效管理的目标明确了,经理和员工的努力才会有方向,才会更加团结一致,共同致力于绩效目标的实现,共同提高绩效能力,更好地服务于企业的战略规划和远景目标。

3. 强调沟通

绩效管理的过程就是员工和经理持续不断沟通的过程。离开了沟通,企业的绩效管理将流于形式。许多管理活动失败的原因都是因为沟通出现了问题，绩效管理就是致力于管理沟通的改善，全面提高管理者的沟通意识，提高管理的沟通技巧，进而改善企业的管理水平和管理者的管理素质。

4. 重视过程

绩效管理不仅强调工作结果，而且重视达成目标的过程。绩效管理是一个循环过程，这个过程不仅关注结果，更强调目标、辅导、评价和反馈。

(三)绩效考核与绩效管理的关系

绩效考核与绩效管理存在着明显的区别。

1. 目的不同

绩效管理是为了达到一定的绩效目标，是以"做事"为中心的；绩效考核的目的则是为了给一些综合的人事决策提供依据，如薪酬级别的晋升、职位调整等，因此，绩效考核是以"人"为中心的。

2. 对象不同

绩效管理对象是单项绩效，包括单项结果绩效和单项行为绩效。绩效考核的对象则是整体绩效，或者说是创造这些绩效的"人"。

3. 内容不同

绩效管理包括目标和标准设定、监督和控制等活动。绩效考核则主要包括绩效评价标准设计、绩效评估等活动。

4. 周期不同

绩效管理的周期一般来说比较短，并且随着绩效项目的差异而变化，非常灵活。例如，对于生产工人的质量绩效的管理，有时必须以小时为单位来进行。对于科研项目这样本身周期较长的工作，则一般要划分为若干较短的周期，进行绩效管理；而绩效考核的周期较长且相对固定。

综上，绩效考核只是绩效管理的一个环节。换言之，不能简单地将绩效管理理解为绩效评价，更不能将绩效管理看作是一件孤立的工作。

三、绩效管理的作用

(一)绩效管理促进组织和个人绩效的提升

绩效管理通过设定科学合理的组织目标、部门目标和个人目标，为企业员工指明了努力方向。管理者通过绩效辅导沟通及时发现下属工作中存在的问题，给下属提供必要的工作指导和资源支持，下属通过工作态度以及工作方法的改进，保证绩效目标的实现。

在企业正常运营情况下，部门或个人新的目标应超出前一阶段目标，激励组织和个人进一步提升绩效，经过这样的绩效管理循环，组织和个人的绩效就会得到全面提升。

另外，绩效管理通过对员工进行甄选与区分，保证优秀人才脱颖而出，同时淘汰不适合的人员。通过绩效管理能使内部人才得到成长，同时能吸引外部优秀人才，使人力资源能满足组织发展的需要,促进组织绩效和个人绩效的提升。

(二)绩效管理促进管理流程和业务流程优化

企业管理涉及对人和对事的管理,对人的管理主要是激励约束问题,对事的管理就是流程问题。在绩效管理过程中,各级管理者都应从公司整体利益以及工作效率出发,尽量提高业务处理的效率,应该在上述四个方面不断进行调整优化,使组织运行效率逐渐提高,在提升了组织运行效率的同时,逐步优化了公司管理流程和业务流程。

(三)绩效管理保证组织战略目标的实现

企业一般有比较清晰的发展思路和战略,有远期发展目标及近期发展目标,在此基础上根据外部经营环境的预期变化以及企业内部条件制订出年度经营计划及投资计划,在此基础上制订企业年度经营目标。企业管理者将公司的年度经营目标向各个部门分解就成为部门的年度业绩目标,各个部门向每个岗位分解核心指标就成为每个岗位的关键业绩指标。

(四)绩效管理有效地避免管理人员与员工之间的冲突

当员工认识到绩效管理是一种帮助而不是责备的过程时,他们会更加积极合作与坦诚相处。绩效管理不是讨论绩效低下的问题,而是讨论员工的工作成就、成功和进步,这是员工和管理人员的共同愿望。

有关绩效的讨论不应仅仅局限于经理考核员工,应该鼓励员工自我评价以及相互交流双方对绩效的看法。发生冲突和尴尬的情况常常是因为管理者在问题变得严重之前没有及时处理,问题发现的越早,越有利于问题的解决,经理的角色是通过观察发现问题,去帮助他们评价、改进自己的工作,共同找出答案。如果把绩效管理看作是管理双方的合作过程,将会减少冲突、增强合作。

(五)绩效管理有效地节约管理时间成本

绩效管理可以使员工明确自己的工作任务和目标,他们会知道领导希望他们做什么,可以做什么样的决策,必须把工作做到什么样的地步,何时需要领导指导。通过赋予员工必要的知识来帮助他们进行合理的自我决策,减少员工之间因职责不明而产生的误解。通过帮助员工找到错误和低效率原因的手段来减少错误和差错,找出通向成功的障碍,以免日后付出更大的代价,领导就不必介入到所有正在从事的工作的具体细节管理中,从而有效降低时间成本。

第二节 绩效管理的流程

一、绩效计划

(一)绩效计划的参与者

与传统的计划过程及管理活动的其他计划类型相比,绩效计划是管理者与员工的双向沟通过程，其制订是全员参与的过程，是一个由下而上的目标确定过程，可以将个人目标、部门目标与组织目标结合起来。因此绩效计划需要由三方共同制订：人力资源管理专业人员、员工的直接上级即各个职能部门主管和员工本人。人力资源管理部门主要负责监督和协调工作；各职能部门主管人员必须积极参与，特别是要参与绩效目标的制订；最关键的是让员工参与计划的制订，明确自己的职责和任务，这样员工会更容易接受绩效计划，并努力达到预期的结果。

（二）绩效目标的确定

绩效目标，是对员工在绩效评价期间的工作任务和工作要求所做的界定。设立绩效目标是组织目标、期望和要求压力的传递过程，同时也是牵引工作前进的关键。

1. 绩效目标的来源

确定绩效目标是绩效管理的第一个环节，前提是企业要有明确的发展战略目标。管理者在设定绩效目标时，一般应根据组织战略及上一级部门的目标并围绕本部门的职责、业务重点和流程要求，制订本部门的工作目标，以保证本部门、本岗位的工作朝着组织要求的总体目标发展。因此，绩效目标大致有以下三个来源。

（1）企业的战略目标或部门目标

员工的绩效目标来源于直接上级即部门的绩效目标，而部门的绩效目标又是根据组织目标分解而来的。这样在企业中，如果所有人都实现了他们各自的目标，则他们所在部门的目标将可能达到，因而企业整体目标的实现也就成为可能。

（2）工作岗位职责

工作岗位职责是描述一个工作岗位对组织应有的贡献或产出。每个部门必须将各自的部门目标分解落实到每个具体的工作岗位上，绩效目标则是对在一定条件下、一定时间范围内所要达到的结果的描述。

（3）业务流程目标

企业业务流程的目标和手段是由组织的内部和外部客户的需求驱动而产生的。因此在设定员工绩效目标时，必须兼顾组织内外部客户的需求，才能保证企业业务流程的顺畅。

总之，在设立绩效目标时应综合考虑这三方面来源，从系统的角度，将组织目标、岗位目标和流程（客户）目标结合思考，确保目标设置的科学性、合理性。

2. 绩效目标的设置原则

设置绩效目标要遵循下列三个原则。

（1）导向原则

即依据公司总体战略目标及上级目标来设立部门或个人目标。

（2）SMART原则

SMART原则的具体含义如下：

Specific——目标必须是明确、具体的；

Measurable——目标必须是可以衡量的；

Attainable——目标经过员工的努力是完全可以达到的；

Relevant——目标必须与公司的战略目标、部门的任务及职位职责相联系；

Time-based——目标必须有明确的时间要求，应该在一定时间内达成。

（3）承诺原则

即上下级共同制定目标，并做出要努力达成目标的承诺。

（三）绩效标准的确定

绩效标准说明按什么尺度对员工绩效进行评价，明确员工的工作要求。绩效指标的评价标准是绩效管理的难点和重点，因为它关系着部门与部门之间以及个人的切身利益。在制定绩效标准的过程中管理人员应当认识到以下几个方面。

1. 绩效标准是基于工作而非基于工作者

它表明员工完成其工作达到令人满意和可以接受的水平是什么，即评价标准应是依据工作本身建立的。因此通常通过工作分析将工作要求转化为工作评价标准。

2. 绩效标准应当是经过努力可以实现的

评价标准应该在员工能力所及范围内，但又比一般水平高一些，具有一定的挑战性。

3. 绩效标准要预先公之于众，让下属清楚地了解

标准应该经过主管和员工共同讨论，主管和员工都能对标准达成共识，这样的标准才能够反映他们的共同期望。此外，评价标准要记录在案，进入人力资源信息管理系统。

4. 绩效标准要尽可能具体而且可以衡量

按照目标激励理论的解释，目标越明确，对员工的激励效果就越好，因此在确定绩效标准时应当具体清楚，不能含糊不清，这就要求尽可能地使用量化的标准。量化的绩效标准，主要有以下三种类型：一是数值型的标准；二是百分比型的标准；三是时间型的标准。绩效标准量化的方式则分为两种，一种是以绝对值的方式进行量化；另一种是以相对值的方式进行量化。此外，有些绩效指标不可能量化或者量化的成本比较高，主要是能力和态度的工作行为指标。对于这些指标，明确绩效标准的方式就是给出行为的具体描述。

（四）绩效评价周期的确定

绩效评价周期是指多长时间对员工进行一次绩效评价，即评价的时间、频率。由于绩效评价需要耗费一定的人力、物力，因此评价周期过短会增加企业的管理成本；但绩效评价周期过长，又会降低绩效评价的准确性，不利于员工工作绩效的改进，从而影响绩效管理的效果。所以实际中，一般的绩效管理周期是半年或一年。在具体评价时间的选择上，一般部门间评价和客户/下属评价应早于主管人员对下属评价的完成时间，这样人力资源部门才留有时间向部门和主管人员进行反馈沟通，调整最终结果。

（五）绩效计划内容

在绩效周期开始时，管理者和员工要对双方协商达成的绩效计划签字确认，也就是签订绩效契约。所谓绩效契约，就是管理者和员工就员工工作的绩效目标和标准达成的一致性契约。通常，经过绩效计划之后，管理者和员工应该能够就以下问题达成共识。①员工在本绩效周期的主要工作内容和职责是什么？应实现哪些工作结果？②这些结果可以从哪些方面衡量，评判标准是什么？③员工各项工作目标的权重如何？④从何处获得关于员工工作结果的信息？⑤员工在完成工作任务时拥有的决策权限如何？可以得到哪些资源？⑥员工应如何分阶段地实现各种目标，从而实现整个绩效周期的工作目标？⑦员工在达到目标的过程中可能遇到哪些困难和障碍？如何应对？⑧管理者和员工如何对工作的进展情况进行沟通？如何防止出现偏差？⑨管理者会为员工提供哪些支持和帮助？如何与员工保持沟通？⑩员工工作好坏对部门和企业有哪些影响？⑪员工是否需要学习新技能以确保任务的完成？

最后需要说明的是，要保证计划的灵活性。也就是说，当情况变化时，必须调整或修改整个计划或其中的部分内容。

二、绩效实施

绩效实施阶段是绩效管理循环中耗时最长也是最关键的一个环节，其好坏直接影响绩效管理目标的实现及绩效管理工作的成败。这一阶段的主要工作是要进行持续不断的绩效沟通和收集绩效信息，最终形成绩效评价的依据。

（一）绩效沟通

1.绩效沟通的含义和目的

绩效沟通是指管理者与员工在共同工作的过程中分享各种与绩效有关的信息的过程。即管理者与员工一起讨论有关工作的进展情况、潜在障碍和问题、解决问题的可能措施以及如何向员工提供支持和帮助等信息的过程。前面已经指出，绩效管理的根本目的是通过改善员工的绩效来提高企业的整体绩效，只有每个员工都实现了各自的绩效目标，企业的整体目标才能实现。因此在确定绩效目标后，管理者还应当帮助员工实现这一目标。

在绩效实施的过程中，管理者与员工进行持续沟通的目的主要有三点：①通过持续的沟通为员工提供信息；②通过持续的沟通为管理者提供信息；③通过持续的沟通对绩效计划进行调整。

2.绩效沟通的内容

绩效沟通的主要内容包括：①工作的进展如何？②员工的工作状态如何？③工作中哪些方面进展顺利？为什么？④工作中哪些方面遇到了困难或障碍？为什么？⑤绩效目标和计划是否需要修正？如果需要，如何修正？⑥员工需要哪些帮助和支持？⑦管理者能够提供哪些资源和信息、采取哪些行动来支持员工?

3.绩效沟通的方法

(1)正式沟通

正式沟通是指在正式的情景下进行的事先经过计划和安排的按照一定规则和制度进行的沟通形式。在绩效沟通中,常见的正式沟通方法主要有书面报告、正式面谈和会议。

(2)非正式沟通

绩效沟通除了正式沟通之外,还有大量的非正式沟通方法。对于员工来讲,无论任何形式的正式沟通都会让他们产生紧张的感觉,致使很多真实的想法无法表达出来。而非正式的沟通形式气氛轻松、形式活泼,更容易让员工发表自己的意见,实现充分的交流。作为好的管理者,除了要善于运用正式沟通方法之外,还应该充分利用各种各样的非正式沟通机会,及时、便捷地获取工作信息和员工的真实想法。非正式沟通方法包括:走动式沟通、开放式沟通、工作间歇沟通及非正式的会议等。

(二)绩效信息收集

绩效实施阶段除了持续不断的绩效沟通外,还要进行绩效信息的收集和记录,为下一阶段员工绩效的评价提供可靠依据。

1.绩效信息收集的目的

绩效信息收集的目的有如下方面:①绩效信息是进行绩效评价及相关决策的事实依据;②绩效信息是绩效诊断与改进的有力依据;③绩效信息是劳动争议解决的重要证据。

2.绩效信息的内容

信息的收集和记录需要耗费大量的时间、精力和金钱,因此并非所有的信息都需要记录和收集,也不是收集的信息越多越好。所收集的信息应该与工作绩效紧密相关,以该岗位的关键绩效指标或绩效目标/计划作为依据进行信息的收集是常用的方法。通常来说,应该收集的绩效信息内容主要包括:①工作目标或任务完成情况的信息;②证明工作绩效优秀或不良的事实证据;③来自内外部客户的积极和消极的反馈信息;④与员工进行绩效沟通的记录;⑤员工因工作或其他行为受到表扬或批评的情况。

3.绩效信息收集的渠道与方法

信息收集的渠道可以是企业中所有的员工和与之相关的客户:有员工自身的汇报和总结,有同事的共事与观察,有上级的检查和记录,有下级的反映与评价,也有客户的反馈和建议。如果企业中所有的员工都具备绩效信息的反馈意识,各条渠道畅通、信息来源全面,就能够给绩效管理带来极大的帮助与支持,便于得出更真实客观的绩效评价结果。

信息收集方法有观察法、工作记录法、他人反馈法等。收集方法的正确有效与否直接关系到信息质量的好坏,而每种方法都有一定的局限性,因此各种方法的综合运用是值得推荐的,当然也要考虑到收集的成本和效率。在实际操作中要注意有目的的收集,要收集事实而不是判断,让员工参与收集,采用科学、先进的方法收集信息。

三、绩效评价

绩效评价,又称绩效评估、绩效考评,指在评价周期结束时,评价主体对照工作目标或绩效标准,采用科学的评价方法,评定员工的工作任务完成情况、工作职责的履行程度和能力发展情况的过程。

(一)评价主体

绩效评价主体应该是能够接触员工工作并获得员工绩效信息的人员,一般包括五类:上级、同事、下级、员工本人和客户。

1. 上级

这是最为主要的评价主体。上级评价的优点是:由于上级对员工承担直接的管理责任,因此他们通常最了解员工的工作情况;此外,还有助于实现管理的目的,保证管理的权威。其缺点在于评价信息来源单一,容易产生个人偏见。

2. 同事

由于同事和被评价者在一起工作,因此他们对员工的工作情况也比较了解;同事一般不止一人,可以对员工进行全方位的评价,避免个人的偏见;此外,还有助于促使员工在工作中与同事配合。同事评价的缺点是:人际关系的因素会影响评价的公正性,和自己关系好的就给高分,不好的就给低分;大家有可能协商一致,相互给高分;还有可能造成相互的猜疑,影响同事关系。

3. 下级

下级作为评价主体,优点是:可以促使上级关心下级的工作,建立融洽的员工关系;由于下级是被管理的对象,因此了解上级的领导管理能力,能够发现上级在工作方面存在的问题。下级评价的缺点是:由于顾及上级的反应,往往不敢真实地反映情况;有可能削弱上级的管理权威,造成上级对下级的迁就。

4. 员工本人

让员工本人作为评价主体进行自我评价,优点是:能够增加员工的参与感,加强他们的自我开发意识和自我约束意识;有助于员工对评价结果的接受。缺点是:员工对自己的评价往往容易偏高;当自我评价和其他主体评价的结果差异较大时,容易引起矛盾。实际工作中,上级与自我评价相结合的方法是最常用的。

5. 客户

即由员工服务的对象来对他们的绩效进行评价,这里的客户不仅包括外部客户,还包括内部客户。客户评价有助于员工更加关注自己的工作结果,提高工作的质量。它的缺点是:客户更侧重于员工的工作结果,不利于对员工进行全面的评价;此外,有些职位的客户比较难以确定,不适于使用这种方法。

由于绩效本身具有多维性,而不同评价主体从不同角度观察和感受,自然对同一员工的工作绩效判断不同。为了保证绩效评价的客观公正,应当根据评价指标的性质来选择评价主体,选择的评价主体应当是对评价指标最为了解的。例如,"协作性"由同事进行评价,"培养部属的能力"由下级进行评价,"服务的及时性"由客户进行评价,等等。此外,由于每个职位的绩效目标都由一系列的指标组成,不同的指标又由不同的主体来进行评价,因此每个职位的评价主体也有多个。当不同的评价主体对某一个指标都比较了解时,这些主体都应当对这一指标做出评价,以尽可能地消除评价的片面性。各种评价主体并不是相互孤立、相互排斥的,而是应该根据岗位特点选择多个评价主体即多视角的方法,以保证评价结果的客观性、公正性。当然,这样做也必然会增加评价的时间和成本,因此要量力而行。

(二)评价类型与方法

绩效评价类型繁多,按评价时间可分为定期评价与不定期评价;按评价对象可分为高层管理者评价、中层管理者评价、专业技术人员评价、一般员工评价等;按评价目的可分为晋升评价、加薪评价、职称评定评价等;按评价主体可分为上级评价、自我评价、同级评价、下级评价、顾客或利益相关者评价等。

实践中,进行绩效评价的方法有很多,企业应当根据具体的情况来选择合适的方法。

(三)绩效评价中的误区

由于绩效评价是一种人对人的评价,在这一过程中往往会出现一些错误,从而影响评价的效果。绩效评价中容易产生的误区,一般有以下几种。

1. 晕轮效应

在绩效评价中对某人产生晕轮效应,就是以员工某一方面的特征为基础而对总体做出评价,这样就可能对其弱点视而不见。通俗地讲就是"一好遮百丑",一旦评价者对被评价者某一方面的评价很高或很低,就有可能影响到对该被评价者其他方面的评价也较高或较低。举一个简单的例子,大家可能都有这样的经历,在学校时,学习成绩好的学生总是能够当选"三好"学生,尽管有些人在"德"和"体"方面并不符合要求,这就是晕轮效应造成的结果。

2. 偏见误差

这种误差是由包括籍贯、性别、性格、年龄和种族等偏见造成的,在绩效评价中时有发生,比如认为女性的工作能力、工作效率不如男性,或认为年纪较大的人开拓创新精神不够、比较保守等。

3. 近期误差

近期误差指以员工在近期的表现为根据对整个绩效评价周期的表现做出评价,而忽视长期一贯表现。例如,评价周期为半年,员工只是在最近几周提前上班,以前总是迟到,评价主体就根据最近的表现给员工的出勤情况评为优秀。

4. 首因效应

首因效应就是人们平常所说的第一印象,即评价主体根据员工的最初表现而带来的第一印象来对整个绩效评价周期的表现做出评价。例如,员工在评价周期开始时非常努力地工作,绩效也非常好,即使他后来的绩效并不怎么好,上级还是根据其良好的第一印象而对他在整个评价周期的绩效做出较高的评价。

5. 类己倾向

类己倾向指评价者根据本人的偏好来对被评价对象进行评价,与自己相似的就给予较高的评价,与自己不同的就给予较低的评价。例如,一个作风比较严谨的上级,对做事一丝不苟的员工评价比较高,而对不拘小节的员工评价比较低,尽管两个人实际的绩效水平差不多。

6. 对比效应

对比效应分为两方面,一是历史对比,即随着时间的推移对同一个考评对象的打分产生逐年升高的趋势;二是横向对比,即将被评价者与其周围的人进行比较后给予评价分数。这两种评价都不是根据考评标准和实际绩效的比较做出的判断。

7. 溢出效应

溢出效应指根据员工在评价周期以外的表现对评价周期内的表现做出评价。例如,生产线上的工人在评价周期开始前出了一次事故,在评价周期内他们并没有出现问题,全是由于上次事故的影响,上级对他们的绩效评价还是比较低。

8. 宽大化倾向

这种错误是指评价主体放宽评价的标准,给所有员工的评价结果都比较高。与此类似的错误还有严格化倾向和中心化倾向,前者指掌握的标准过严,给员工的评价结果都比较低;后者指对员工的评价结果比较集中,既不过高,也不过低。

为了减少甚至避免以上错误,应当采取以下措施:第一,建立完善的绩效指标体系,绩效评价指标和评价标准应当具体、明确;第二,选择恰当的评价主体,评价主体应当对员工在评价指标上的表现最为了解,这两个问题在前面已经做过详细的阐述;第三,选择合适的评价方法,如强制分布法和排序法就可以避免宽大化、严格化和中心化倾向;第四,评价开始前应该对评价主体进行专业的培训;给他们指出这些可能存在的误区,从而使他们在评价过程中能够有意识地避免这些误区;第五,建立和健全评价工作的申诉、反馈、监控机制。

四、绩效反馈

(一)绩效反馈的含义及作用

所谓绩效反馈,就是使员工了解自身绩效水平的各种管理手段。即上级要就绩效评价的结果和员工进行面对面的沟通,指出员工在绩效评价期间存在的问题,并一起制订出绩效改进计划,为了保证绩效的改进,还要对绩效改进计划的执行效果进行跟踪。作为绩效管理的最后一个阶段,绩效反馈具有承上启下的作用,一方面通过绩效评价结果的合理运用,完美地结束现有的绩效评价周期;另一方面通过绩效改进计划导入新的绩效评价,使绩效管理呈螺旋式循环发展。

绩效反馈的作用表现在:首先,绩效反馈是考核公正的基础;其次,绩效反馈是绩效改进的保证;最后,绩效反馈是传递组织期望的手段。

(二)绩效面谈

绩效评价结束后,管理者需要就上一个绩效周期中员工的表现和绩效评价结果与员工进行一次甚至多次面对面的交谈。通过面谈,管理者可以总结和交流员工的绩效表现,使双方对绩效评价结果达成共识,在此基础上,帮助员工制订绩效改进计划,明确下阶段绩效目标和计划,并为员工的个人发展提供信息。

1. 选择合适的时间与地点

管理者应与员工事先商讨双方都能接受的时间,选择安静、轻松的地方实施面谈。在进行绩效面谈的时候,管理者最好能够拒绝接听任何电话,停止接待来访的客人,以避免面谈受到不必要的干扰。管理者应注意安排好双方面谈时的空间距离和位置,双方成一定夹角而坐,可以给员工一种平等、轻松的感觉。

2. 收集整理信息资料

由于绩效面谈针对的主要内容是上一阶段绩效评价的结果,这个过程必然是围绕着评价员工上一阶段的工作情况展开的。管理者需要收集整理面谈中需要的信息资料,包括员工的《职位说明书》《计划工作表》《绩效评价表》等。

3. 计划面谈的内容

管理者在计划面谈内容时,应该考虑以下问题:确定该次面谈所要达到的目的;设计开场白;面谈的具体内容、程序及方式;如何妥善处理员工的对抗情绪等。

(三)绩效反馈效果的衡量

员工绩效改进计划是绩效反馈的结果,是根据员工绩效评价结果,通过面谈交流,指出员工在绩效评价期间存在的问题,并一起制订出绩效改进的计划,以帮助员工改进和提高工作能力、方法和习惯。绩效改进计划中应包括:需要改进的方面、改进措施和期望达到的水平、责任人及改进期限。衡量绩效反馈效果时,可以从以下几个方面进行考虑:①此次反馈是否达到了预期的目的?②下次反馈时,应当如何改进谈话的方式?③有哪些遗漏必须加以补充?又有哪些无用的内容必须删除?④此次反馈对员工改进工作是否有帮助?⑤反馈是否增进了双方的理解?⑥对于此次反馈,自己是否感到满意?

对于得到肯定回答的问题,在下一次反馈中就应当支持;得到否定回答的问题,在下一次反馈中就必须加以改进。

以上环节构成了绩效管理的一个完整循环。其中,绩效计划和绩效实施是绩效评价的准备和保障,绩效反馈将绩效评价结果在管理者和员工之间进行传递,这样可及时发现员工遇到的困难、工作优势和工作技能方面的欠缺,为员工提供有针对性的培训,使得员工的工作业绩和工作技能得到提高,进而实现组织目标。

第三节 绩效考核的方法

一、绩效考核方法的分类

现在很多企业都出现一种情况,即过分强调了业绩,而忽略了对行为的培养。这就出现一个问题:业绩做得越好的员工,越不遵守纪律,越不尊重游戏规则,这种员工在企业大力发展的过程中,将成为企业的阻碍。一旦被提拔成管理人员,影响就更大了。下面是绩效考核种类的不同划分方法。

(一)时间划分

1. 定期考核

企业考核的时间可以是一个月、一个季度、半年、一年。考核时间的选择要根据企业文化和岗位特点进行选择。

2. 不定期考核

不定期考核有两方面的含义,一方面是指组织中对人员的提升所进行的考评,另一方面是指主管对下属的日常行为表现进行纪录,发现问题及时解决,同时也为定期考核提供依据。

(二)考核内容

1. 特征导向型

考核的重点是员工的个人特质,如诚实度、合作性、沟通能力等,即考量员工是一个怎样的人。

2. 行为导向型

考核的重点是员工的工作方式和工作行为,如服务员的微笑和态度、待人接物的方法等,即对工作过程的考量。

3. 结果导向型

考核的重点是工作内容和工作质量,如产品的产量和质量、劳动效率等,侧重点是员工完成的工作任务和生产的产品。

(三)按主观和客观划分

1. 客观考核方法

客观考核方法是对可以直接量化的指标体系所进行的考核,如生产指标和个人工作指标等。

2. 主观考核方法

主观考核方法是由考核者根据一定的标准设计的考核指标体系对被考核者进行主观评价,如工作行为和工作结果。

综上所述,对各级人员的考核可以从以下几方面进行:知识(专业知识、行业知识、社会阅历等)、工作业绩、工作能力(组织能力、协调能力、沟通能力等)、工作态度、工作方法、工作效率、组织纪律、道德品质、配合度、学习精神、团队精神、成本意识、目标达成、绩效改进等。不同职级的人员考核的重点不尽相同,各考核点所占分值权重不一样,但绩效改进是每一位被考核者都必须考核的内容,它是落实绩效考核 PDCA 循环的具体体现。

二、常用的考核方法

(一)比较法

比较法是一种相对评价的方法,通过员工之间的相互比较从而得出评价结果。这类方法设计比较简单而且容易操作,并可以在一定程度上避免宽大化、严格化和中心化倾向的误区。但是,这种方法对实现绩效管理的目的,发挥绩效管理作用的帮助却不大,不能提供有效的反馈信息。因为这类方法不是对员工的具体业绩、能力和态度进行评价,难以将员工绩效与组织战略目标联系起来,只是靠一种整体的印象来得出评价结果,主观性较强;难以进行绩效反馈;此外,无法对不同部门的员工做出比较,绩效结果接受度小。比较法主要有以下几种。

1. 排序比较法

排序比较法指依据某一评价维度,如工作质量、工作态度,或者依据员工的总体绩效,将被评价者从最好到最差依次进行排序,这是一种古老而简单的绩效评价方法,也是最常用的方法。在实际操作中,排序比较法分为简单排序法和交替排序法。

(1)简单排序法

简单排序法是依据某一标准将本部门所有员工按照绩效成绩从高到低进行排序。这种方法花费时间较少,成本较低,适用于员工绩效差别较大,员工数量较少的情况。

(2)交替排序法

交替排序法是对简单排序法的改进,是根据某些工作绩效评价指标将员工从绩效最好的到绩效最差的进行排序。根据心理学的识别极端情况较为容易这一原理,运用交替排序法进行绩效评价时,将绩效最优和最差的挑选出来,作为整个序列的第一和倒数第一,再从剩余的被考评员工中挑选出绩效最好和最差的,排在整个序列的第二和倒数第二,依次反复进行,直至将所有员工排序完毕。交替排序法是一种应用非常普遍的工作绩效评价方法。

排序比较法最大的优点是简单实用,评价结果一目了然;缺点是当被评价人数较多时不适合使用,并容易给员工造成心理压力。

2. 配对比较法

配对比较法也称为两两比较法或对偶比较法,是较为细化和有效的一种排序方法。其具体做法是:将每一位被评价者按照所有评价要素,如工作质量、工作数量、工作态度等,与所有其他员工一一进行比较,优者记为"＋",逊者记为"－"。把所有员工都比较完以后,计算每个人得"＋"的个数,依此对员工做出评价,排出次序。谁得"＋"的个数多,谁的名次就排在前面,由此列出他们的绩效名次。

配对比较法的优点是直观明确,使用方便;缺点是一旦被评价的人过多,这种方法就会显得很复杂、很费时间,一般用于不超过10人的绩效评价。

3. 强制分布法

强制分布法也称为强制正态分布法、硬性分布法,这种方法基于这样一个假设:即企业的所有部门都同样具有优秀、一般、较差的员工,在进行绩效评价时,要求评价人员依据正态分布规律,即俗称"中间大、两头小"的分布规律,预先确定好评价等级以及各等级在总数中所占的百分比,然后按照被评价者绩效的优劣程度将其列入其中某一等级。

强制分布法的优点是可以拉开差距,通过评价等级的强制分布来提高绩效评价的效果,另外,可以在一定程度上克服平均主义、过分宽松和过分严厉倾向。其缺点是将员工的绩效假设为某一概率分布并不合理,当一个部门中员工绩效都较为优秀或普遍较差时,评价者挑选优秀员工或较差员工会感到很为难;此外,当某一部门内的员工少于5人时,就无法用强制分布法确定绩效等级。

(二)评级量表法

评级量表法又称图评价尺度法,是最简单、运用最普遍的工作绩效评价方法之一,是将绩效评价的指标和标准制作成量表,然后借助设计好的等级量表来对员工进行考评。使用评级量表进行绩效考评时注意两个因素:一是评价项目,即要从哪些方面对员工的绩效进行评价,在表中要列出有关的绩效评价项目,并说明每一项目的具体含义;二是评定等级,即对每个评价项目分成若干等级,并给出每一等级相应的分数,由考评者对员工每一考评项目的表现做出评价和记分,最后计算出总分,得出考评结果。

评级量表法的优点是:因为有了统一的标准,因此可以在不同的部门之间进行评价结果的横向比较;由于有了具体的评价指标,因此可以确切地知道员工到底在哪些方面存在不足和问题,有助于改进员工的绩效,为人力资源管理的其他职能提供科学的指导,简单实用而且开发成本小。这种方法的主要缺点是:受主观因素影响较大,因为每个考评者给予被考评者的分值都是个人的主观看法。

(三)关键事件法

所谓关键事件,是指员工在工作过程中做出的对其所在部门或企业有重大影响的行为,这种影响包括积极影响和消极影响。使用关键事件法对员工进行绩效评价时,要求管理者将员工日常工作中非同寻常的好行为或非同寻常的坏行为认真记录下来,即强调的是代表最好或最差表现的关键事件所代表的活动,然后在一定的时期内,主管人员与下属面对面交流,根据所做的记录来讨论员工的工作绩效。例如,工厂生产部经理的职责之一是监督原材料采购成本和库存控制,而关键事件表明,上个月的原材料库存成本上升了20%,这就为将来的绩效管理工作指明了方向,即生产部经理可以通过降低库存成本来提高工作绩效。

(四)行为锚定等级评价法

行为锚定等级评价法 BARS 是由美国学者史密斯和肯德尔在美国全国护士联合会的资助下于20世纪60年代提出的一种评价方法。这种方法利用特定的行为锚定量表来描述员工的行为和绩效,是传统的评级量表法和关键事件法的结合。使用这种方法,可以对关键事件中的有效行为和非有效行为的工作行为进行更为客观的描述。由于行为锚定等级评价法需要大量的员工参与,一般容易被部门主管和员工接受。

(五)360度反馈评价法

360度反馈评价法又被称为全方位全视角评价法,是一种较为全面的绩效评价方法,它是指帮助一个组织的员工(主要是管理人员)从与自己发生工作关系的所有主体那里获得关于本人绩效信息反馈的过程。这些信息的来源包括:上级监督者自上而下的反馈;下属自下而上的反馈;平级同事的反馈;被考评者本人的反馈;企业外部的客户和供应商的反馈。

360度反馈评价法的优点是:方法较简单,可操作性强;全方位、多角度的信息反馈,管理者可获取第一手资料,可以避免一方评价的主观性,更具民主性,增强绩效评价的信度和效度;增进沟通,促进发展,有利于团队建设。其缺点包括:信息收集成本较高;偏差有时源于个人的某些不合群的嗜好,对人员素质有较高要求;有时会出现小团体主义倾向,容易出现"相互帮忙"或有意报复的不良现象,结果有失真的可能。

(六)目标管理法

目标管理是指一种程序或过程,它使组织中的上下级一起协商,根据组织的使命确定一定时期内组织的总目标,由此决定上下级的责任和分目标,并把这些目标作为组织经营、评估和奖励的标准。并不是有了工作才有目标,是因为有了目标才能确定每个人的工作,每一项工作都必须为达到总目标而展开。如果一个领域没有目标,那么这个领域里的所有工作都将被忽视,这些工作也将是没有意义的。因此,我们的领导者必须通过目标对下级进行管理,在确定组织目标后,通过一系列的设计和分解过程,将目标和责任落实到部门和个人,以便到最后督促组织目标实现和控制员工绩效的过程。这就是所谓的目标管理。目标管理的基本步骤是:设置目标→实现目标→评估目标。

(七)平衡记分卡法

1.平衡记分卡法产生的背景

平衡记分卡 BSC 是从四个角度:财务角度、顾客角度、内部业务流程角度、学习与成长角度出发,运用一系列绩效评价指标,简明系统地描述公司经营活动行为和战略目标的战略绩效管理工具。

平衡记分卡法打破了传统的只注重财务指标的绩效管理方法。在20世纪90年代以前,几乎全世界的企业都采用单一的财务考核体系对企业进行评价。随着基于知识的全球化竞争环境的日益形成,单一的财务考核系统在企业绩效考评实践中的弱点逐渐暴露出来:单一的财务指标仅能衡量过去的经营活动结果,无法评估未来的绩效表现,容易误导企业未来的发展方向;容易使经营者过分注重短期财务结果与急功近利,产生强烈的操纵报表数字的动机,因而不愿就企业长期战略目标进行资本投资;单一的财务考核体系偏重于对有形资产的考核和管理,而在信息时代,正是企业的无形资产和智力资产形成的现在和未来的生产能力成为企业取得成功的关键因素,组织必须通过在客户、供应商、员工、组织流程、技术和革新等方面的投资,获得持续发展的动力。

2. 平衡记分卡法的内容

平衡记分卡法以公司的战略目标和竞争需要为基础,强调非财务指标的重要性,通过对财务、顾客、内部业务流程、学习与成长等四方面的绩效评价来沟通企业目标、战略重点和企业经营活动的关系,实现短期利益和长期利益、局部利益和整体利益的均衡。平衡记分卡的每一个角度都有一组绩效评价指标,这些绩效评价指标可以是公司目前的绩效标准,也可以是下一阶段的奋斗目标、企业愿景。其中,财务是最终目的,顾客是关键,内部业务流程是基础,学习与发展是核心。

3. 平衡计分法的实施流程

平衡记分卡法的实施流程包括四个阶段:前期准备、构建记分卡、设计运作系统、反馈和修正。在实施平衡记分卡法时应注意以下问题:①切勿照抄照搬其他组织的经验和模式;②提高组织管理信息质量的要求;③正确对待平衡记分卡实施时投入成本与获得效益之间的关系;④平衡记分卡的执行要与奖励制度相结合。

4. 平衡计分法的优缺点

平衡记分卡法的优点是:能有效地将组织的战略转化为组织各层的绩效指标和行动,有助于各级员工对组织目标和战略的沟通和理解,使整个组织行动一致,服务于战略目标;可以克服财务评估方法的短期行为,实现组织长远发展;有利于组织和员工的学习成长和核心能力的培养,提高组织整体管理水平。其主要缺点是方法较复杂,且不适用于所有类型的组织,一般来说,处于竞争激烈的市场中,有明确的企业愿景和战略目标,有规范的财务绩效评价指标,有自己的客户群、销售渠道和先进的生产设施的企业才适用平衡记分卡法。

绩效管理是人力资源管理的重要组成部分之一,在人力资源管理中占据核心地位。绩效管理通过对企业战略的建立、目标分解,制定员工的绩效目标并收集与绩效有关的信息,定期对员工的绩效目标完成情况做出评价和反馈,以改善员工工作绩效并最终提高组织整体绩效,实现组织战略和个人目标。绩效管理不等同于绩效评价。绩效管理是一个完整的系统,通常被看成是一个循环,包括四个阶段:绩效计划、绩效实施、绩效评价和绩效反馈。

绩效计划是绩效管理的起点,是管理者和员工共同讨论并确定员工在绩效周期内应该做什么和达到什么程度的过程。绩效实施由持续的绩效沟通和有效信息的收集构成,是绩效管理的桥梁。绩效评价是绩效管理的中心,评价主体一般包括五类:上级、同事、下级、员工本人和客户。评价过程中要避免一系列错误的发生,如晕轮效应、偏见误差、近期误差、首因效应、类己倾向、对比效应、溢出效应、宽大化倾向等。绩效反馈是现有绩效管理周期的结束,也是新的绩效管理周期的开始,是使员工了解自身绩效水平和制定绩效改进计划的管理手段。绩效反馈主要通过面谈,使员工认识到自己的优缺点、明确需要改进的方面、协商下一轮绩效周期的绩效目标和改进措施。

绩效评价的方法有很多,主要包括排序比较法、配对比较法、强制分布法、评级量表法、关键事件法、行为锚定等级评价法、360度反馈评价法、目标管理法、平衡记分卡法等。每种方法都有其优缺点,企业要根据实际情况选择合适的评价方法。

第四节　绩效沟通与改进

一、绩效沟通的含义

(一)沟通

1.沟通的含义

目前,沟通能力已经成为人才竞争的重要素质之一。沟通涉及工作与生活的各个层面,与人的发展息息相关。沟通是一门艺术,也是一门学问。从某种意义上讲,沟通已经不再是一种职业技能,而是一种生存方式。

一般来说,沟通是人们在互动过程中通过某种方式或者途径将一定的信息从发送者传递给接收者,并获得理解和预期反馈的过程。实际上,这只是沟通的表层含义。信息交流的目的只能告诉人们在绩效沟通中管理者与员工应该互相交流什么内容,但是,沟通更重要的意义在于传递想法而不仅仅是传递信息本身。只有把思想的传递视为沟通的重点,才能够让对方真正领悟所传递的信息。因此,真正有效的沟通是通过自己的语言和行为的引导使对方产生自己所希望的想法。

2.沟通的过程

实际上,沟通是一个很复杂的过程,并不像表面上看起来那么简单。在沟通发生之前,往往存在一个沟通的意图,称之为"被传递的信息"。信息首先被转化为信号,然后通过媒介传递给信息接收者,再由信息接收者将收到的信号转译回来。可见,沟通过程包括八个组成要素,即信息、编码、通道、接收、译码、理解、反馈、噪声。编码是指发送者将信息编成一定的文字等语言符号或其他形式的符号;通道是发送者用于传递信息的媒介,如书面通知、电话、电报、收音机、电视、网络等;译码是指接收者在接收信息后,将符号化的信息还原为思想,并理解其意义;反馈是指接收者将接收到的信息返回给发送者;噪声是妨碍沟通的因素,存在于沟通过程中的各个环节,并有可能造成信息失真。

(二)绩效沟通

1. 绩效沟通的含义

绩效沟通是指组织的管理者与员工为了达到绩效管理的目的,在共同工作的过程中分享各类相关的绩效信息,以期得到对方的反应和评价,并通过双方的交流,使组织绩效计划得以更好地贯彻执行以及更好地提高组织绩效的过程。简而言之,绩效沟通就是管理者与员工就绩效问题进行的沟通,是一个关于绩效信息的发送、接收与反馈的过程。

2. 绩效沟通的重要性

在绩效管理中,持续不断的沟通是一个恒久不变的原则,具有不可替代的作用。持续的绩效沟通对于上司和下属都有着非常重要的意义。

首先,只有通过绩效沟通,才能设定管理者和员工共同认可的绩效目标。实际上,绩效管理的首要环节就是设定管理者和员工共同认可的绩效目标。员工作为组织中的一员,要在组织中承担一定的职责。以上这些只有通过绩效沟通才能得到解决,才可以使员工清晰地了解自己在组织中承担的具体角色。这样,管理者与员工就会对绩效目标及结果做到心中有数,员工才能有实现绩效目标的动力,管理者才能有考核员工的量化标准。在设定绩效目标的过程中,如果管理者忽视了沟通的作用,缺少双向互动沟通,就会形成绩效目标信息只有下达而无上传的情况。这样做不但会影响员工对绩效目标的了解和认可,还可能影响整个组织绩效目标的实现。

其次,只有通过绩效沟通才能顺利地完成绩效目标。从绩效管理流程来看,绩效沟通是重要环节,并贯穿于整个履行过程的始终。当绩效目标在履行过程中朝良性方向发展时,通过绩效沟通,管理者易于掌握员工在目标实施过程中继续提升业绩的空间以及员工在后期工作中的期望;员工也可以及时地反馈工作完成情况,从上级管理者那里得到必要的帮助。当绩效目标在履行过程中朝恶性方向发展时,良好的绩效沟通将发挥无可比拟的作用。对组织而言,它有助于降低负面影响,对提升组织整体业绩会起到推进作用;对员工而言,及时的沟通有助于员工改进工作方法,改变糟糕业绩,避免自己成为组织整体业绩提升的阻碍。

最后,只有通过绩效沟通才能使绩效考核思想深入人心,才能使考核结果令员工信服。一方面,绩效管理不是考核者对被考核者滥用手中职权的杀手锏,也不是走过场。绩效沟通可以帮助考核者把工作目标和工作任务等相关内容传递给被考核者,使考核者明白要考核什么、考核谁以及如何考核等。同时,使被考核者明白自己该干什么以及怎么干,明白什么是干得好或什么是干得不好。另外,绩效沟通有利于清除分歧,提高员工对绩效考核的认可度。绩效考核不是为了制造员工之间的差距,也不是划分员工等级的标尺,而是实事求是地挖掘员工的长处并发现其短处,扬长避短,从而达到使工作有所改进、有所提高的目的。另一方面,随着绩效考核思想的深入,绩效考核这一工具的使用会得到广泛的认可,绩效考核的结果也将被广大员工认可并接受。

总之,绩效沟通无论对管理者还是对员工都具有重要意义。它不仅有助于管理者了解工作的进展情况,了解被考核员工的工作情况,而且有利于员工在工作过程中不断得到关于自己工作绩效的反馈信息,从而不断地提高工作技能。

3. 绩效沟通的体系

绩效管理的过程通常被看作一个循环,这个循环分为四个环节,即绩效计划、绩效辅导、绩效考核与绩效反馈。在绩效管理的各个环节中,持续性的绩效沟通是必不可少的。本文所指的绩效沟通包含绩效管理各个流程中管理者与员工之间的持续沟通,包括绩效计划沟通、绩效辅导沟通、绩效考核沟通和绩效反馈沟通,并且这四个沟通环节形成一个绩效沟通循环。在每个绩效周期中,绩效沟通都是持续进行的,多个沟通循环组成一个持续循环的绩效沟通体系。

4. 绩效沟通的渠道

组织的绩效沟通渠道非常重要,关系到管理者能否与员工顺利进行有效的沟通。要保证组织绩效沟通能够顺利进行,有几个方面的工作需要做好。首先,沟通的渠道要多样化,既要有正式的沟通渠道,又要有非正式的沟通渠道;既要加强纵向沟通,又要重视横向沟通。其次,要根据绩效沟通不同环节的具体特点,选择合适的沟通方法。最后,在沟通的过程中要注意及时排除一些沟通障碍,使沟通渠道畅通无阻。

二、绩效沟通的目的与原则

(一)绩效沟通的目的

在绩效的实施过程中,管理者和员工之间要进行持续有效的绩效沟通。进行绩效沟通的根本目的是确保绩效目标的实现。在绩效计划阶段,虽然管理者和员工通过双向沟通共同制订了绩效计划,确定了具体的工作目标及实现目标的方法和步骤,并形成了绩效契约,但这并不意味着绩效计划就可以自动地、顺利地实施。管理者和员工双方要通过持续沟通来解决绩效计划实施过程中出现的各种问题,从而确保绩效目标的实现。因此,持续的绩效沟通为绩效实施过程中的核心问题。通过进行持续的绩效沟通可以实现以下具体目的。

1. 通过持续的沟通对绩效计划进行调整

如今的工作竞争在不断加剧,变化的因素也在逐渐增加。因此,在绩效实施过程中进行持续的绩效沟通是为了适应环境变化的需要,应适时地对计划做出调整。在绩效考核周期开始时制订的绩效计划很可能会随着环境因素的变化变得不切实际或无法实现。因此,在绩效实施过程中员工与管理人员进行沟通后可以对绩效计划进行调整,使之更加适应环境的需要。

2.管理者通过绩效沟通为员工提供及时的帮助

在绩效管理过程中,尽管制订的绩效计划可能是很详细具体的,但在计划实施过程中可能会出现一些事先未曾预料的新情况和新问题,员工在实现绩效目标的过程中可能会遇到一些问题。通过绩效沟通,管理者可以及时掌握员工工作的进展情况,了解员工在工作过程中遇到的困难和问题,以便及时采取相应的对策,提供及时的帮助和支持,进而确保计划目标的实现。

3.员工通过绩效沟通及时获得有关自己工作结果的反馈信息

由于工作环境的变化,员工的工作也变得越来越复杂,在制订绩效计划时很难完全解决员工在绩效实施过程中可能会遇到的所有困难。因此,员工在执行绩效计划的过程中可能会遇到各种各样的困难,需要得到帮助。一方面,员工都希望在工作过程中能不断地得到反馈信息,以便及时了解自己哪些方面做得比较好,哪些方面存在不足和缺点。另一方面,在绩效评估结束后,员工需要得到客观、准确的绩效反馈信息,以便全面了解自己的工作绩效状况。

4.绩效沟通是一种重要的激励手段

绩效管理过程中管理者与员工之间的沟通,恰恰能满足员工的这种需要,特别是当员工在工作过程中遭受挫折时,或者是感到工作压力巨大时,管理者的关心和支持会使员工备受鼓舞。在员工工作表现优良或取得一定的工作成绩时,管理者通过沟通对员工的表现给予及时的肯定,这本身就会对员工产生极大的激励作用。总之,持续的绩效沟通能调动员工的工作热情和积极性,管理者应善于运用绩效沟通这一激励手段。

(二)绩效沟通的原则

1.真诚性

真诚是基础,是前提,不必过于谦逊,也不可夸大其词,只有心与心的交流才会对员工有所触动,也只有发自真心的表扬才能成为员工前进路上的不竭动力。

2.客观性

在进行绩效反馈之前,主管人员有必要认真思考以下问题:影响员工绩效的因素究竟是什么?绩效不良是否真的是因为员工个人懈怠或差错?

其实,影响员工绩效的因素主要有两个方面:一方面是个人因素,如个人的知识、技能、经验、思维、敬业度等,这是最普遍、最常见的因素;另一方面则是系统因素,即员工个人不能控制的因素,如工作流程不合理、资源匹配不足、沟通协调不畅等。实际上,这样的因素在实际的工作中是可能存在的。把一个原本优秀的员工放到这样的系统环境中,恐怕也很难有好的绩效。

3. 具体性

对员工的评价，无论表扬还是鞭策都应尽可能做到具体，避免过于笼统。举个例子，员工加了一夜的班，完成了一份近乎完美的计划书，此时若能对员工说："你的计划书结构完整，逻辑清晰，数据翔实，论证充分，得到了领导们的一致认可。另外，大家得知你为了完成这份计划书加了整整一夜的班，对你的敬业精神更是大加赞赏。"如果这样说的话，员工就会感受到加班的辛苦得到了领导的理解，付出的努力得到了领导的肯定。显然，这样的赞美要比诸如"加班辛苦了，表现很好"之类的泛泛之言更能激发员工的斗志。

4. 建设性

一方面，正面的反馈要让员工知道他的表现达到或超过了领导的期望，让员工知道他的表现得到了领导的认可，以此强化员工的积极行为，使其在今后的工作中继续发扬，取得更优秀的业绩；另一方面，反面的反馈则要给员工提出具有建设性的改进意见，以帮助员工能提高工作效率。

5. 修正性

对于绩效考核出现的偏差，应该予以修正，这不是说绩效考核不严肃，反之，恰恰是绩效考核的严肃性的表现。当一项考核因为数据或指标偏差引起考核的不公正时，影响的不单单是绩效的结果，而且会影响凝聚力。坦诚的绩效反馈有利于促进评价双方建立良好的合作关系，有利于营造和谐的沟通氛围，同时对管理者的管理意识、管理能力及管理风格提出了更高的要求。关注绩效反馈，突破绩效瓶颈，这不仅仅是管理者必须面对的问题，也是管理者应该承担的责任。

三、绩效改进

绩效改进是绩效评价结果的重要应用领域，也是绩效反馈面谈中的重要沟通内容。传统的绩效管理侧重于评价已发生的工作绩效，而现代绩效管理则强调如何改进绩效，并在个人取得进步的同时推动部门的发展，从而实现组织的战略目标。因此，绩效改进是一个系统化的过程，是通过对现有绩效状态的分析，找出与理想绩效之间的差距，从而提升个人、部门和组织绩效水平的过程。绩效改进的流程可以分为绩效分析、绩效改进计划的制订、绩效改进计划的实施与评价三个阶段。

（一）绩效分析

绩效分析是绩效改进流程的第一步，其目的在于明确个人、部门和组织层面存在的绩效差距，找出差距存在的原因，编写绩效分析报告。

1. 明确个人、部门和组织间的绩效差距

通过科学准确的绩效评价，将个人、部门和组织的绩效评价量表中的目标值与实际值进

行对比,就可以得出个人、部门和组织三个层面的绩效差距。但是,由于组织资源有限,弥补绩效差距需要付出大量的人力、物力和财力,如果在很多方面都存在绩效差距,就需要对绩效改进要点进行取舍。要综合考虑每个拟定项目所需的时间、精力和成本因素,选择用时较短、精力花费少且成本低的,也就是哪个项目更划算。除此之外,绩效差距与组织战略的相关性程度、存在差距的部门在组织机构中所处位置的重要程度等都是确定绩效差距排序的重要因素。

2. 分析产生绩效差距的原因

根据学者们的研究,分析绩效差距通常有以下两种方法。

(1)四因素法

四因素法主要是从知识、技能、态度和环境四个方面着手分析绩效不佳的原因。

①知识:员工是否具有从事这方面工作的知识和经验?

②技能:员工是否具备运用相关知识和经验的技能?

③态度:员工是否有正确的态度和自信心?

④环境:组织的激励政策以及与直接上级的关系是否影响了员工的积极性?(激励机制)是不是由于缺乏资源导致最终的不良绩效?(资源)组织的流程是否影响高绩效的实现?(流程)组织的人际关系、气氛等是否不利于完成绩效目标?(组织氛围)是否存在影响绩效的外部不可控因素?(外部障碍)

(2)三因素法

三因素法是指从员工、主管和环境三方面来分析绩效问题。一般来说,绩效未达到预期的绩效水平要从三个方面来考虑。

①在员工方面,员工所取的行动可能是错误的,抑或是应该做的而没有去做。究其原因,可能是主管的要求不明确,也可能是个人的知识和技能不足等。

②在主管方面,主管可能因为管理行为不当而导致员工能力无法发挥,或者主管没有帮助员工改进工作。通常从两个方面分析主管的管理行为:一是主管做了不该做的事情,比如监督过严、施加不当的压力等;二是主管没有做该做的事情,比如主管没有明确工作要求,对员工的工作没有给予及时、有效的反馈,对员工的建议不重视,不为员工提供培训的机会,不鼓励员工尝试新方法、新技术,等等。

③在环境方面,环境包括员工工作场所和工作氛围等因素;可能对绩效产生影响的方面有工具或设备不良、原料短缺、工作条件不良、人际关系紧张等。

要想更加透彻、全面地分析绩效问题,必须结合以上两种方法,在管理者和组织成员充分交流的情况下,对产生绩效不良的原因达成一致意见。

3. 编写绩效分析报告

绩效分析报告是对前期工作的总结,所以要按照个人、部门和组织三个层次编写绩效分析报告。一方面,可以展示现阶段的绩效差距及原因;另一方面,可以为下一步设计和实施绩效改进计划打下基础。

(二)绩效改进计划的制订

在完成系统的绩效分析后,就要开始设计能够缩小或消除绩效差距的方案,而这些方案的组合就是绩效改进计划。绩效改进计划的成功与否和改进措施的选择有直接关系。

1. 改进措施的选择

经过绩效分析环节,明确了绩效差距,选择了绩效改进点,并对影响绩效的因素有了比较清晰的认识后,就要考虑制订改进绩效的措施。改进措施的选择标准有两个,即能否对症下药和成本的高低,一般来说,员工可取的行动包括:向主管或有经验的同事学习,观察他人的做法,参加相关培训、相关领域的研讨会,阅读相关的书籍,等等。主管可取的行动包括:参加关于绩效管理、人员管理的培训,向组织内有经验的管理人员学习,向人力资源管理专家咨询,等等。在环境方面,管理者可以适当调整部门内的人员分工或进行部门间的人员交流,进而改善部门内的人际关系,同时,在组织资源允许的情况下,应尽量改善工作环境和工作条件。

2. 制订绩效改进计划

绩效改进计划是关于改善现有绩效水平的计划。制订绩效改进计划实际上就是具体规划应该改进什么、应该做什么、由谁来做、何时做以及如何做的过程。以个人层面的绩效改进计划为例,其主要内容包括:

(1)个人基本情况、直接上级的基本情况以及计划的制订和实施时间。

(2)根据上一个绩效评价周期的绩效评价结果和绩效反馈情况,确定在工作中需要改进的方面。

(3)明确需要改进的原因,并附上前一个评价周期中个人在相应评价指标上的得分情况和评价者对该问题的描述或解释。

(4)明确写出个人现有的绩效水平和经过绩效改进之后要达到的绩效目标,并在可能的情况下将绩效目标明确地表示为在某个评价指标上的评价得分。

对存在的问题而提出的改进措施应当尽量具体并富有针对性。除了确定每个改进项目的内容和实现手段外,还需要确定每个改进项目的具体责任人和预期需要时间,还可以说明需要的帮助和资源。比如,对员工进行培训时,应当列出培训的形式、内容、时间、责任人等,对特殊的问题,还应提出分阶段的改进意见,使员工逐步改进绩效。

此外,绩效改进计划应当是在管理者和员工充分沟通的基础上制订的。单纯按照管理者的想法制订绩效改进计划,可能会使改进项目脱离实际,因为管理者并不一定很确切地知道每位员工的具体问题,管理者认为应该改进的地方可能并不是员工真正需要改进的地方。另一个极端是单纯按照员工个人的想法制订计划。虽然让员工制订绩效改进计划可以激发其积极性,但是员工有可能避重就轻,漏掉重要的项目。综上可知,只有管理者和员工就某一问题进行充分探讨后,才能有效地制订绩效改进计划,进而实现绩效改进的目的。

(三)绩效改进计划的实施与评价

在制订绩效改进计划之后,管理者应该通过绩效监控和绩效沟通来实现对绩效改进计划实施过程的控制。这个控制的过程其实就是监督绩效改进计划能否按照预期计划进行,并根据评价对象在绩效改进过程中的实际工作情况,及时调整不合理的改进计划。同时,管理者应当督促员工努力实现绩效改进计划,并主动与员工沟通,了解员工在这一过程中遇到了哪些困难以及需要管理者提供怎样的帮助等。

成功的绩效改进计划离不开评价和反馈。绩效改进计划的完成情况反映在员工前后两次评价的结果中,如果员工的评价结果有显著提高,就在一定程度上说明绩效改进计划取得了一定的成效,今后可以在一定范围内推广使用。如果员工的评价结果没有取得显著提高,则应该反思绩效改进计划的有效性。同时,应与员工一起探讨相关问题,以便为下一步绩效改进计划的制订打下基础。

第五节 多维视角下探讨创新绩效指标评价体系

一、创新绩效指标评价体系的研究历程

创新是国家、产业和企业成长及发展的主要源泉,创新绩效则是衡量创新活动的重要指标,可以直观反馈出组织创新活动的优劣程度。

在现代管理及经济学领域中,对创新绩效的研究日益成为国内外学者关注的热点之一。技术效率的概念可认为是创新绩效的雏形。其后创新绩效的概念发展为可以度量,并具有一定实际效益的创新活动的产出结果。之后各国专家对创新绩效指标评价系统进行了大量、切实的研究,并已取得一定的成绩。

二、创新绩效指标的设计准则

确立好创新绩效指标的设置原则,关系到整套系统适用性的高低,具有重要的意义。指标设计的主要准则包含:①科学性;②全面性;③系统性;④客观性;⑤实用性;⑥可比性;⑦规范性;⑧前瞻性。

其中前7项原则比较容易理解,而前瞻性主要指的是:在对创新绩效指标进行设计时,不仅要关注主体的现在状况,还要能体现和昭示出其未来的创新能力。即要求指标评价体系具有较长的生命力,以便在尽可能保持原有评价体系的情况下,仍能不断根据经验和发展趋势进行总结,以便可根据未来的形势变化对政策、目标、资金以及人员等进行调整。

除以上8项主要原则外,在文献中提及的原则还有独立性、突出重点性、定量与定性分析相结合和软性与硬性指标相结合等。

三、创新绩效指标评价体系的多维视角

分析国内外学者对于创新绩效指标评价体系的研究成果,可以有以下几个不同的视角。

(一)创新效率与创新效果

创新效率指的是在给定条件下最大限度地利用已有资源的能力;创新效果则是仅仅考虑到最后的输出成果。目前已有的文献中,针对创新效率和创新效果的研究,大多是从投入产出角度(效率论)和单纯产出角度(效果论)视觉进行评判的。

1. 投入产出角度(效率论)

所谓投入产出角度,是指结合投入值和产出值综合衡量创新绩效,它包括:多投入单产出指标体系和多投入多产出指标体系。

研究人员通过对农业技术创新过程进行研究,设立了一个包含二项投入指标(劳动力与资本)和一项产出指标(产品总产量)的相对完整的创新绩效衡量体系,该体系被称为多投入单产出指标体系。

与多投入单产出指标体系相比,多投入多产出体系充分考虑到产出指标的多样性,更为复杂和全面。研究人员研究了45个国家的科技收入绩效,构建了具有7个投入和8个产出的国家技术创新体系,创立研发投入和创新规模对区域经济增长的影响模型,开创了一个新的研究视角,立足于区域技术创新,在绩效指标体系中加入了新产品研发、新产品销售等指标。

2. 产出角度(效果论)

还有些学者认为,创新绩效只应跟收获的效益有关,投入只是创新产出的前期基础,并不用于参与评估创新绩效。持有这种观点的一些国内学者将创新绩效概括划分为三方面:技术效益、经济效益和社会效益。

(二)区域规模角度

被研究的主体不同决定了得到的创新绩效指标体系的侧重点不同。目前大多数学者研究的主体可以划分成国家、区域、集群、企业这四个层级。

1. 国家层级

国家创新能力是指国家基于自身创新的根基所产生创新技术并将商业化的能力,是最高及最复杂的创新概念层次。20世纪80年代,CIS(OECD)出版著名的奥斯陆手册,重点推出两项指标:创新产品销售收入占总销售收入的比重,产品生命周期各阶段里的企业收入,并于1997年对手册进行修订,用"创新产品占总产品数量的比例"取代"创新产品的总数"。我国学者创建了具有两项投入指标:人力资源(全时人员当量)、资金(投入的研发经费额)和

四项产出指标(人才培养、技术贸易增长值、国际专利数和国际论文产出数)的国家创新能力衡量体系。随后,创新了一套以研发人员全时当量、研发经费支出总额为投入和以发明专利授权量、高技术产品出口额,研发人员产出(缺失新产品产值率和技术市场成交额相关数据)为产出的国家创新绩效评价体系。

2. 区域层级

区域层级主要涉及各个省、市及自治区等。中国科技技术部专题研究组 21 世纪初期发表的《我国产业与地方自主创新能力调研报告》中,以省级单位作为研究对象,选取知识创造能力、知识流动能力、企业技术创新能力、技术创新环境、技术创新的经济绩效的五个方面共 23 类指标组成评价体系。

3. 集群层级

产业集群作为聚集在一定空间内,由不同主体(包含企业、服务机构、政府部门和产学研院所等)组成互动密切的网络进行交流的经济实体,也是学者们研究的主要对象之一。进一步完善产业集群创新能力的评价指标体系,涉及的四个方面为:知识流动能力、技术创新能力、创新环境、创新经济绩效。通过集群经济效益、集群社会效益、集群成长性三方面对绩效体系进行研究,其中集群成长性方面又涵盖了知识流动和知识积累两个角度。

4. 企业层级

个体企业是创新绩效指标评价体系面向的最小对象之一。21 世纪初期,研究人员创建了一套企业创新绩效指标评价体系。提出构建企业指标体系需要从知识创新、技术开发、设计制造、市场实现的四个阶段进行考虑。

综合考察文献,可以发现根据层级的不同,创新绩效评价体系的指标选取也有着较大的区别。在国家和区域层级,学者们更关注技术效益和社会效益,尤以技术效益更为重要。而在集群和企业层级,经济效益所占比重显著上升。这种区别的主要原因在于不同层级中创新绩效衡量的可计算性不同以及层级的本质目的不同。集群和企业最主要的任务即为追求商业利益,而对于国家和区域来说,创新带来的经济效益虽不能说无足轻重,但由于其决定的因素太过复杂,难以与其他非创新相关的因素剥离开,故而衡量技术效益和社会效益的相关部分能够更直观地反映出创新绩效的高低。

(三)企业内部与外部角度

对于某个企业来说,其创新绩效并不仅仅取决于由组织架构、人员组成、研发资金投入等企业内部因素决定的自主创新能力(内部),还要受到创新环境(外部)的影响。目前对创新环境的定义尚未完全统一。外部环境包括两部分:稳定(背景)环境(如政治、法律、经济、社会文化、技术等)以及即时(运行)环境(如资源、市场、顾客、竞争者、金融机构等)。

1. 企业内部(企业自主创新)

企业自主创新的过程包括研究和开发等活动,对创新绩效的评价涵盖了从投入资源到产出成果的全部流程。

2.企业外部（创新环境）

创新环境作为企业经济发展的重要保障，能够直接影响、作用于企业创新绩效。通过收集、分析中国创新活动数据，推导出创新环境因素对创新绩效（以专利为测度）的影响。以中国区域环境为视角，建立环境创新投入产出评价指标体系，其中投入单位为：环境创新资金投入、环境创新人力投入、环境规制投入，产出指标为：环境绩效指标与经济绩效指标。

外部合作网络是企业创新环境中不可缺少的环节，从网络视角对创新绩效进行评估逐渐成为业界热点。在企业技术创新合作网络结构、企业的知识与信息资源整合、企业技术创新过程的组织与管理三方面选取了19项指标。

四、创新绩效评价方法的研究综述

国内外学者应用过很多数学、运筹学、统计学理论为基础的评价方法。几种主要的评价方法是：数学规划法、生产函数法、指标体系法、数据包络分析评价方法（DEA法）、层次分析法（AHP法）、主成分分析法、系统动力学法、模糊综合评价法、人工神经网络、支持向量机、灰色系统评价及粗糙集理论等。其中，DEA法、AHP法、模糊综合评价法、灰色系统评价和粗糙集理论最为常见。

1.数据包络分析评价方法（DEA法）

是一种关注"相对效率"的面向多输入多输出系统的多目的决策方法。该方法具备非参数前沿面特性，可通过直接观测大量数据，基于一定标准，构建前沿面以及位于其上的相对有效点来解决问题。

2.层次分析法（AHP法）

是一种定量与定性相结合的决策方法。通过对一个复杂的决策问题的整体考虑，将相关因素划分为有内在联系的有序层，再通过数学方法对层次定性指标进行量化，从而综合、确定每层次指标的权重。

3.模糊综合评价法

是一种基于模糊数学的应用方法。方法为依据隶属度理论，将边界不清、不易测量的因素定量化，再综合评价其隶属的等级状况。

4.灰色系统评价法

本方法包含灰色关联度评价方法、灰色聚类分析方法等系统理论。主要研究对象为不确定系统，通过提取有限信息中的数据来描述和监控整个系统。所研究系统具有少量携带部分信息的样本即可，不要求数据服从任何分布。本方法只适用于小样本系统的分析。

5.粗糙集理论

适用于处理模糊、不确定信息的方法。不用提供待处理问题所需数据集合外的任何先验信息,通过现有数据解决问题。可根据不确定及不完整的信息进行推理,并对问题不确定性的处理相对客观,其所产生的数据特别适合支持决策、规划等经济管理问题。

考虑到上述方法均有自身的局限性,近年来的不少文献会将上述几种方法结合起来,以达到扬长避短地解决实际问题的目的。

创新绩效评价体系是作为创新活动的反馈机制,需要全面系统地反馈出企业的创新效率。由于适用的对象、环境以及分析角度不同,现实中并不会存在统一的评价标准。

第六章　多维视角下薪酬管理

第一节　薪酬管理的基础认知

一、与薪酬有关的基本概念

(一) 报酬

在为一个组织或一位雇主工作的时候,劳动者之所以愿意付出自己的劳动、时间、技能等,是因为他们期望自己能够获得与个人劳动价值相符的回报。通常情况下,将一位员工因为为某个组织工作而获得的所有各种他认为有价值的东西统称为报酬。

可以用两种不同的方式来对报酬进行分类。一种方法是将报酬划分为经济报酬和非经济报酬,另一种划分方法是将报酬划分为内在报酬和外在报酬。经济报酬和非经济报酬之间的界线是,某种报酬是不是以金钱形式提供的,或者能否以货币为单位来加以衡量。经济报酬通常包括各种形式的薪酬和福利(其中,薪酬又被称为直接报酬,福利又被称为间接报酬)。而非经济报酬则包括成长和发展的机会、从事富有挑战性的工作的机会、参与决策的机会、特定的个人办公环境、工作地点的交通便利性等。内在报酬和外在报酬之间的区别在于,某种报酬对劳动者所产生的激励是一种外部刺激,还是一种发自内心的心理激励。

(二) 薪酬

薪酬显然是报酬的一部分,但是对于薪酬到底应包含哪些报酬,目前并无完全一致的定论。对于薪酬的概念,通常可以划分为三类:

第一种是宽口径的界定,即将薪酬等同于报酬,即员工由于完成了自己的工作而获得的各种内在的报酬和外在的报酬。

第二种是中等口径的界定,即员工因为雇佣关系的存在而从雇主那里获得的各种形式的经济收入以及有形服务和福利。这一概念包括薪酬(直接经济报酬)和福利(间接经济报酬)。

第三种是窄口径的界定,即薪酬仅仅包括货币性薪酬(基本薪酬和激励薪酬或浮动薪酬之和),而不包括福利。

在本书中,我们将采用第三种定义方式,即薪酬仅仅包括直接的货币性薪酬(其中包括固定部分和浮动部分两方面内容),但是不包括福利。为了行文上的方便和用语的简练,我们在有些时候也会简单地用"薪酬"一词来代表"薪酬福利",比如"薪酬管理"一词实际上往往包括薪酬和福利两部分内容的管理,而"薪酬调查"也包括薪酬和福利两方面内容的调查。

(三)总薪酬

总薪酬有时也称为全面薪酬,它概括了各种形式的薪酬和福利,其中包括基本薪酬、激励薪酬、津贴和补贴、福利、股票和股权等其他多种经济性报酬。

1. 基本薪酬

基本薪酬根据员工的职位、所承担的职责、所需要的技能等因素决定,常常忽视员工之间的个体差异。基本薪酬是员工能获得的稳定报酬,是员工收入的主要部分,也是计算员工其他收入,如绩效加薪、某些重要福利的基础。

绩效加薪也属于基本薪酬的范畴,它是根据员工工作绩效确定的基本薪酬的增长,许多企业有类似的规定,在年度绩效评估中被评为优秀的员工,会在下一年获得基本薪酬增加 $10\%\sim20\%$ 的待遇。

2. 激励薪酬

激励薪酬是薪酬系统中与绩效直接挂钩的经济性报酬,有时也称为绩效薪酬、可变薪酬或奖金。激励薪酬的目的是在绩效和薪酬之间建立起一种直接的联系,这种业绩既可以是员工个人的业绩,也可以是组织中某一业务单位、员工群体、团队甚至整个公司的业绩。由于在绩效和薪酬之间建立了这种直接的联系,激励薪酬对于员工具有很强的激励性,对于组织绩效目标的达成起着非常积极的作用。它有助于强化员工个人、群体乃至全体员工的优秀绩效,从而达到节约成本、提高产量、改善质量以及增加收益等多种目的。

绩效加薪与激励薪酬都与员工绩效相关,所不同的是,绩效加薪是对员工过去优秀绩效的一种奖励,它是以员工个人的绩效评价等级为基础的,而激励薪酬是提前约定好的,比如奖金多少、收益分享的比率等,激励薪酬是为了影响员工将来的行为;绩效加薪是对基本工资的永久增加,而奖金是一次性支付。

3. 津贴和补贴

津贴和补贴是对工资制度的补充,是对雇员超额劳动或增收节支的一种报酬形式。津贴是指对工资或薪水等难以全面、准确反映的劳动条件、劳动环境等对员工身心造成的某种不利影响,或者为了保证员工工资水平不受物价影响而支付给员工的一种补偿。人们常把与员工生活相联系的补偿称为补贴,如交通补贴、住房补贴、生育补贴等,津贴与补贴常以货币形式支付给员工。

4. 福利

福利分为法定福利和非法定福利。员工福利同基本薪酬一样是员工的劳动所得,属于劳动报酬的范畴,但这不同于基本薪酬,其不同表现在以下方面:①基本薪酬是按劳付酬,员工之间基本薪酬存在差别,而员工福利是根据用人单位、工作和员工的需要支付,员工之间福利差别不大;②基本薪酬是直接的劳动力再生产费用,而员工福利是间接的劳动力再生产费用;③基本薪酬金额与岗位需求和劳动素质相关,而员工福利则与之无关;④基本薪酬作为人工成本随工作时间的变化而发生变化,而员工福利作为人工成本则随人数的变化而变化,有些福利项目从利润中支付,不列入成本;⑤基本薪酬具有个别性、稳定性,而员工福利则具有集体性和随机性。

5. 股票和股权

股票和股权是一种新型的薪酬形式。前者是企业员工持有企业的股票,后者是一种权利。股权是将企业的一部分股份作为薪酬授予员工,使员工成为企业的股东,享有同股东一样的分红权。

二、薪酬的作用

(一)员工方面

1. 经济保障功能

薪酬是员工以自己的劳动、时间和技能的付出为企业创造价值而获得的回报,薪酬是他们的主要收入来源,它对于员工及其家庭生活起到的保障作用是其他任何收入保障手段都无法替代的。薪酬对于员工的保障并不仅仅体现在满足员工在吃、穿、用、住和行等方面的基本生存需要,同时还体现在满足员工娱乐、教育和自我开发等方面的发展需要上。总之,薪酬水平的高低对于员工及其家庭的生存状态和生活方式所产生的影响是非常大的。

2. 激励功能

员工对薪酬状况的感知可以影响员工的工作行为、工作态度以及工作绩效,即产生激励作用。研究发现,人在没有科学的激励下只能发挥能力的20%~30%,而在合理的激励下则发挥其能力的80%~90%,也就是说,一个人被充分激励之后发挥的作用相当于之前的3~4倍,激励是管理的核心,而薪酬是激励的主要因素。总薪酬中的绩效加薪或激励薪酬(奖金)都属于激励性薪酬,它直接影响着员工的工作绩效。

3. 社会信号功能

薪酬作为一种信号,可以很好地反映一个人在社会流动中的市场价值和社会位置,还可以反映一个人在组织内部的价值和层次,可见,员工薪酬水平的高低除了具有经济保障功能以外,还向他们传递一种信号,人们可以根据这个信号来判断员工的家庭、朋友、职业、受教育程度、生活状态等。

(二)企业方面

1. 促进战略实现,改善经营绩效

员工是组织的基础,组织如果没有员工就无法实现经营管理,无法达到组织制定的目标,也无法实现组织的战略,而薪酬是引进、保留和激励员工的重要手段,因此,薪酬是促进组织战略实现的基础。另外,由于薪酬决定了现有员工受到激励的状况,影响他们的工作效率、缺勤率、对组织的归属感以及对组织的承诺度,从而直接影响企业的生产能力和生产效率。通过合理的薪酬设计,企业可以向员工传递企业期望的行为、态度和绩效,通过这种信号的引导,员工的工作行为和态度以及最终的绩效将会朝着企业期望的方向发展,从而改善企业的经营绩效。

2. 塑造和增强企业文化

薪酬影响员工的工作行为和工作态度。一项薪酬制度可能促进企业塑造良好的文化氛围,也可能与企业现有的价值观形成冲突。比如说,企业实行的是以个人绩效为基础的激励薪酬的方案,那么企业就容易强化个人主义的文化氛围;反之,企业实行的是以团队绩效为基础的激励薪酬方案,那么企业就会形成支持团队的文化氛围。薪酬的导向作用要求企业必须建立科学合理并具有激励性的薪酬制度,从而对企业文化的塑造起到积极的促进作用。

3. 成本控制功能

薪酬是企业的人力资源成本,尽管人力资源成本在不同行业和不同企业的总成本中所占的比重不同,但对于任何企业来说,薪酬都是不容忽视的成本支出,因此,有效地进行薪酬管理,控制薪酬成本对大多数企业的成功来说具有重大的意义。

4. 支持和推动企业变革

面临竞争激烈的经营环境,企业的变革已经成为企业经营过程中的一种常态,企业如果不变革将很快被淘汰,所以,企业为了适应这种状态,需要重新设计战略、流程再造、调整组织结构、变革文化、设计团队等。这一切都离不开薪酬,因为薪酬可以通过影响个人、工作团队和企业整体来创造出与变革相适应的内外部氛围,从而推动企业变革。

三、影响薪酬的因素

在市场经济条件下,薪酬管理活动受内外部许多因素的影响,为了保证薪酬管理的有效实施,必须对这些影响因素有所认识和了解。一般来说,影响企业薪酬管理的各项决策的因素主要有三类:一是企业外部因素;二是企业内部因素;三是员工个人因素。

(一)企业外部因素

1. 国家法律法规与政策

国家法律法规与政策对企业行为具有强制性的约束作用,因此企业在进行薪酬管理时应当首先考虑这一因素,在法律法规与政策规定的范围内进行薪酬管理。

2. 劳动力市场状况

按照经济学的解释,薪酬就是劳动力的价格,它取决于供给和需求的对比关系,在企业需求一定的情况下,当劳动力市场紧张,造成劳动力资源供给减少,劳动力资源供不应求的时候,劳动力价格就会上涨,此时企业要想获取必要的劳动力资源,就必须相应地提高薪酬水平;反之,企业可以维持甚至降低薪酬水平。

3. 物价水平

薪酬最基本的功能是保障员工的生活,因此对员工来说更有意义的是实际薪酬与物价水平的比率。当整个社会的物价水平上涨时,为了保证员工的实际生活水平不受或少受影响,支付给他们的薪酬相应也要调整。

4. 其他企业的薪酬状况

其他企业的薪酬状况对企业薪酬管理的影响是最为直接的,这是员工进行横向公平性比较时非常重要的一个参考因素。当其他企业,尤其是竞争对手的薪酬水平提高时,为了保证外部的公平性,企业也要相应地提高自己的薪酬水平,否则就会造成员工的不满意甚至流失。

(二)企业内部因素

1. 企业的经营战略

薪酬管理要服从和服务于企业的经营战略,不同的经营战略下,企业的薪酬管理也会不同。如表6-1所示。

表6-1 不同经营战略下的薪酬管理

经营战略	经营重点	薪酬管理
成本领先战略	1. 一流的操作水平 2. 追求成本的有效性	1. 重点放在与竞争对手的成本比较和提高激励薪酬的比重上 2. 强调制度的控制性、具体的工作说明和生产率
创新战略	1. 产品领袖 2. 向创新性产品转移	1. 奖励在产品以及生产方法方面的创新 2. 以市场为基准的工资
客户中心战略	1. 紧紧贴近客户 2. 为客户提供解决问题的办法 3. 加快营销速度	1. 以顾客满意作为奖励的基础 2. 以顾客进行工作评价或技能评价

2. 企业的经营战略

企业处于不同的发展阶段时,其经营重点和面临的外部环境是不同的,因此在不同的发展阶段,薪酬形式也是不同的,如表6-2所示。

表6-2 企业不同发展阶段下的薪酬管理

企业发展阶段		开创	成长	成熟	稳定	衰退	再次创新
薪酬形式	基本薪酬	低	中	高	高	高	中
	激励薪酬	高	高	中	低	无	高
	福利	低	低	中	高	高	低

3. 企业财务状况

薪酬是企业的一项重要开支,因此企业的财务状况也会对薪酬产生重要影响,良好的财务状况,可以保证薪酬水平的竞争力和薪酬支付的及时性。

(三)员工个人因素

1. 员工所处的职位

在目前主流的薪酬管理理论中,这是决定员工个人基本薪酬以及企业薪酬结构的重要基础,也是内部公平性的重要体现,职位对员工薪酬的影响并不完全来自级别,而主要是职位所承担的工作职责以及对员工的任职资格要求。

2.员工的绩效表现

员工的绩效表现是决定其激励薪酬的重要基础,在企业中,激励薪酬往往与员工的绩效联系在一起,它们具有正相关关系。总的来说,员工的绩效越好,其激励薪酬就会越高。此外,员工的绩效表现还会影响其绩效加薪,进而影响基本薪酬的变化。

3.员工的工作年限

工作年限主要有工龄和司龄两种表现形式,工龄是指员工参加工作以来的整个工作时间,司龄是指员工在本企业中的工作时间。工作年限会对员工的薪酬水平产生一定的影响,一般来说,工龄和司龄越长的员工,薪酬的水平相对较高。

四、薪酬的基本决策

(一)薪酬体系决策

薪酬体系决策的主要任务是确定组织决定员工基本薪酬的基础是什么。当前,国际上通行的薪酬体系主要有三种,即职位薪酬体系、技能薪酬体系以及能力薪酬体系,其中职位薪酬体系的运用最为广泛。所谓职位薪酬体系、技能薪酬体系以及能力薪酬体系,顾名思义,就是指组织在确定员工的基本薪酬水平时所依据的分别是员工从事的工作自身的价值、员工自身的技能水平以及员工所具备的胜任能力。其中,职位薪酬体系是以工作和职位为基础的薪酬体系,而技能和能力薪酬体系则是以人为基础的薪酬体系。职位薪酬体系、技能薪酬体系和能力薪酬体系之间的区别如表6-3所示。

表6-3 职位薪酬体系、技能薪酬体系和能力薪酬体系之间的区别

	职位薪酬体系	技能薪酬体系	能力薪酬体系
薪酬基础	以员工所在的职位为基础	以员工掌握的技能为基础	以员工的能力为基础
价值决定	职位价值的大小	技能的多少	能力的高低
设计程序	工作分析和工作评价	技能等级的分析与认定	能力要素分析与评价
工作变动	薪酬随着职位变动	薪酬保持不变	薪酬保持不变
培训作用	是工作需要而不是员工意愿	增加工作技能和报酬	增加工作能力和报酬
员工晋升	需要有空缺的职位	通过技能认证	通过能力测试
员工关注	追求职位的晋升以获得更高报酬	追求工作技能的积累	寻求能力的增多或提升
优点	按职位系列进行薪酬管理比较简单、稳定,节约成本	鼓励员工持续学习新技能,优秀专业人才能安心本职工作	员工有更多的发展机遇,鼓励员工自我发展
缺点	员工晋升无望时会消极怠工,不利于激励员工,不灵活	培训费用和薪酬增加,技能薪酬设计较复杂	能力不等于业绩,能力的界定与评价相当难

(二)薪酬水平决策

薪酬水平是指组织中各职位、各部门以及整个组织的平均薪酬水平,薪酬水平决定了组

织薪酬的外部竞争性。企业的薪酬水平越高,其在劳动力市场上的竞争力就越强,但是相对来说成本也会越高。在传统的薪酬管理中,企业关注的是整体薪酬水平,目前企业关注整体薪酬水平的同时,也开始关心不同企业各职位薪酬水平的比较。企业在确定薪酬水平时,通常可以采用四种策略:领先型策略、匹配型策略、拖后型策略、混合型策略,如表6-4所示。

表6-4 薪酬水平策略的类型

类型	特点
领先型策略	薪酬水平高于市场平均水平;企业的薪酬相对而言比较有竞争力,成本相对来说较高
匹配型策略	薪酬水平与市场平均水平保持一致;企业的薪酬相对而言竞争力中等,成本也是中等
拖后型策略	薪酬水平要明显低于市场平均水平;企业的薪酬竞争力弱,但成本比较低
混合型策略	针对企业内部的不同职位采用不同的策略,如对关键职位采用领先型策略,对辅助性职位采用匹配型策略,而对一线员工则采用拖后型策略

(三)薪酬构成决策

薪酬构成是指在员工和企业总体的薪酬中,不同类型薪酬的组合方式。对于企业而言,基本薪酬、激励薪酬(奖金)与间接薪酬(福利)都是经济性支出,但这三种薪酬的作用又不完全相同。基本薪酬在吸引、保留人员方面效果比较显著;激励薪酬在激励人员方面效果比较显著;间接薪酬在保留人员效果方面比较显著。根据这三者所占比例的不同,可以划分为三种模式:高弹性薪酬模式、高稳定薪酬模式和调和型薪酬模式。高弹性薪酬模式是一种激励性很强的薪酬模式,激励薪酬是薪酬的主要组成部分;高稳定薪酬模式是一种稳定性很强的薪酬模式,基本薪酬占主导地位,激励薪酬占较少比重;调和型薪酬模式兼具激励性和稳定性,基本薪酬和激励薪酬所占比例基本相当。

(四)薪酬结构决策

薪酬结构指企业内部的薪酬等级数量,每一等级的变动范围及不同薪酬等级之间的关系等。薪酬结构反映企业内部各个职位之间薪酬的区别,对于员工而言具有重要的价值。在薪酬管理中,会根据员工的职位(或者能力)确定员工的薪酬等级,这一等级确定后,员工的薪酬也就基本确定。薪酬结构的设计会直接影响员工的薪酬,以及今后员工薪酬变动的可能性与区间。因此,企业的薪酬结构设计得比较合理时,会对员工的吸引、保留与激励产生积极作用,反之则会带来负面影响。

第二节 薪酬体系设计

一、薪酬体系设计的原则

(一)公平性原则

根据公平理论,员工会进行两方面的比较,一是会将自己的付出与回报进行比较;二是会将自己的付出回报比与他人的付出回报比进行比较。如果员工觉得二者有不公平的现象,那么薪酬就不能起到激励员工的作用,还会因此影响员工的工作积极性,降低其工作效率,造成紧张的人际关系等。所以薪酬的设计要尽量公平,在现实中虽然不能做到完全公平,但至少在薪酬设计时应保证公平。薪酬设计的公平性可以从两个方面来考虑,一是外部公平性,指的是同一行业、同一地区、不同企业中类似的职位薪酬应基本一致;二是内部公平性,指的是在企业内部,员工所获得的薪酬应与其从事的工作岗位所要求的知识、技能、经验等相匹配。另外,不同职位如果没有多大差别,贡献或业绩相当,所获取的薪酬也应基本一致。

(二)激励原则

激励原则包含两个方面的含义:一是薪酬设计应该做到按劳分配,多劳多得,即按不同技能、不同知识水平、不同能力、不同业绩水平等定薪,奖勤罚懒和奖优罚劣,这样才能发挥薪酬的激励性;二是组织要根据不同员工的不同需求,真实地了解员工的需求,利用薪酬的多样化组合来满足员工,从而达到激励的目的。

(三)经济性原则

在薪酬设计的过程中固然要考虑薪酬水平的竞争性和激励性,但同时还要充分考虑企业自身发展的特点和承受能力。员工的报酬是企业生产成本的重要组成部分,过高的薪酬水平必然会导致人力成本的上升和企业利润的减少。所以,应该考虑人力资源成本的投入和产出比,把人力资源成本控制在经济合理的范围,使企业的薪酬既具有激励性又能确保企业的正常运作。

(四)合法性原则

企业薪酬分配制度必须符合国家的有关政策与法律。为了维持社会经济的持续稳定发展,维护劳动者应取得的合法劳动报酬和必须拥有的劳动权益,我国政府颁布了一系列法律法规文件。

二、薪酬体系设计的流程

(一)制定薪酬战略

企业人力资源战略服务于企业战略,所以薪酬战略也要考虑企业的战略和企业的目标。制定薪酬战略要考虑以下问题:薪酬管理如何支持企业的战略实施,薪酬的设计如何达成组织内部的公平性和外部的竞争性,如何制定薪酬才能真正地激励员工,如何提高薪酬成本的有效性等。

(二)薪酬调查分析

企业要吸引和保留住员工,不但要保证企业薪酬的内部公平性,而且要保证企业薪酬的外部竞争力,因此要进行薪酬调查。薪酬调查,就是通过一系列标准、规范和专业的方法,对市场上各职位进行分类、汇总和统计分析,形成能够客观反映市场薪酬现状的调查报告,为企业提供薪酬设计方面的决策依据及参考。因为薪酬调查是将企业内部的薪酬状况和其他企业薪酬状况进行比较,所以组织首先要进行全面的企业内部薪酬满意度调查,以了解企业内部的薪酬现状及发展需求,做到发现问题,弄清原因,明确需要,确保薪酬体系设计的客观性与科学性。同时,还要对同类、同行企业的外部薪酬水平状况做深入细致的调查。

对企业外部薪酬调查分析的主要内容一般包括以下三个方面:①目标企业的薪酬政策。是控制成本还是激励或吸引员工;薪酬构成是高弹性、稳定性模式还是折中式模式;薪酬的其他政策,包括加班费计算、试用期薪酬标准等;②薪酬的结构信息。主要包括企业职位或岗位的组织结构体系设计、薪酬等级差、最高等级与最低等级差、薪酬的要素组合、基本薪酬与福利的比例、激励薪酬的设计等;③薪酬的纵向与横向水平信息。包括基本薪酬信息、激励薪酬信息及福利薪酬信息等。

由于这些调查对象一般都是竞争对手,且薪酬制度往往被其视为商业机密,它们一般不愿意提供实质性的调查资料。所以,薪酬市场调查分析一般会比较困难,需要企业从多方面、多渠道进行,直接或间接地收取调查资料。一般来说,薪酬的调查方法分四种:企业薪酬调查、商业性薪酬调查、专业性薪酬调查和政府薪酬调查,企业薪酬调查是企业之间互相调查;商业性薪酬调查一般由咨询公司完成;专业性薪酬调查是由专业协会针对薪酬状况所进行的调查;政府薪酬调查是指由国家劳动、人事、统计等部门进行的薪酬调查。

(三)薪酬结构设计

通过工作分析与评价,可以表明每一个职位在企业中相对价值的顺序、等级。工作的完成难度越大,对企业的贡献越大,其重要性就越大,这也就意味着它的相对价值越大。通过薪酬调查以及对组织内、外部环境的分析,可以确定组织内各职位的薪酬水平,规划各个职位、岗位的薪酬幅度、起薪点和顶薪点等关键指标。要使工作的相对价值转换为实际薪酬,需要进行薪酬结构设计。

薪酬结构是指工作的相对价值与其对应的工资之间保持的一种关系。这种关系不是随意的,是以服从某种原则为依据的,具有一定的规律,通常这种关系用"薪酬政策线"来表示。从理论上讲,薪酬政策线可呈任意一种曲线形式,但实际上它们多呈直线或由若干直线段构成的一种折线形式。这是因为薪酬设计必须遵循的基本原则是公平性,组织内各职位的报酬与员工的付出应基本相等,各职位的相对价值就是员工付出的反映,因此,绘制薪酬政策线各点的斜率应该基本相等,薪酬政策线呈直线。

一般来说,薪酬调查的结果或职位评价的结果,即外部公平性和内部公平性是一致的,也就是说,外部市场薪酬水平和评价点数或序列等级确定的薪酬点都分布在薪酬政策线的周围。但是,有时也会出现不一致的情况,这时薪酬点就会明显地偏离薪酬政策线。这表明内部公平性和外部公平性之间出现了矛盾。当内部公平性和外部公平性不一致时,通常要按照外部公平性优先的原则来调整这些职位薪酬水平,否则,要么就是这些职位的薪酬水平过低,无法招聘到合适的人员;要么就是薪酬水平过高,企业承担了过高的成本。最后,企业还要根据自己的薪酬策略来对薪酬政策曲线做出调整。上面所讲的薪酬政策曲线是按照市场平均薪酬水平建立的,因此如果企业实行的是领先型或拖后型薪酬策略,就应当将薪酬政策曲线向上或向下平移,平移的幅度取决于领先或拖后的幅度,如果实行的是匹配型策略,薪酬政策曲线就可以保持不动。

（四）薪酬分级与定薪

绘制好组织薪酬政策曲线以后,通过薪酬政策曲线就可以确定每个职位的基本薪酬水平。但是当企业的职位数量比较多时,如果针对每个职位设定一个薪酬标准,会大大提高企业的管理成本。因此,在实际操作中,还需要在薪酬的每一个标准内增设薪酬等级,即在众多类型工作职位的薪酬标准内再组合成若干等级,形成一个薪酬等级标准系列。通过职位工作评价点数的大小与薪酬标准对应,可以确定每一个职位工作的具体薪酬范围或标准,以确保职位薪酬水平的相对公平性。

不同薪酬等级之间的薪酬差异称为薪酬级差。薪酬级差可根据员工的职位、业绩、态度、能力等因素划分,要尽可能地体现公平。级差的大小应与薪酬等级相符,等级差异大,级差相应也大,等级差异小,则级差也小,如果两者关系不相符,容易引起不同等级员工的不满。等级差异过大,薪酬等级较低层的员工会认为有失公平,自己所得过少;等级差异过小,薪酬等级较高层的员工会认为自己的贡献价值没有得到认可,因而会挫伤其工作积极性。

第三节 多维视角下激励薪酬和福利

一、激励薪酬

（一）激励薪酬概述

1. 激励薪酬的概念

激励薪酬,又称绩效薪酬、可变薪酬或奖金,它是指以员工个人、团队或者组织的绩效为依据支付给员工的薪酬。激励薪酬的目的在于,通过将员工的薪酬与绩效挂钩,鼓励员工为企业、部门或团队的绩效做出更大的贡献。激励薪酬有助于强化组织规范,激励员工调整自己的行为,并且有利于组织目标的实现。

2. 激励薪酬的优缺点

激励薪酬相对于基本薪酬来说,具有明显的优势,主要表现在以下几个方面:

第一,激励薪酬是和绩效联系在一起的,因此对员工的激励性也就更强;

第二,激励薪酬更能把员工的努力集中在组织、部门或团队认为重要的目标上,从而推动组织、部门或团队目标的实现;

第三,激励薪酬是根据绩效来支付的,可以增加企业薪酬的灵活性,帮助企业节约成本。

不过,激励薪酬也存在明显的不足,主要表现在以下几个方面:

其一,绩效评价难度比较大,激励薪酬很可能会流于形式;

其二,激励薪酬有可能导致员工之间或者员工群体之间的竞争,而这种竞争可能不利于组织创造良好的人际关系,导致组织的氛围比较紧张,从而影响组织的整体利益;

其三,激励薪酬实际上是一种工作加速器,有时员工收入的增加会导致组织出台更为苛刻的产出标准,这样就会破坏组织和员工之间的心理契约;

其四,绩效奖励公式有时非常复杂,员工可能难以理解。

3.激励薪酬的实施要点

在市场经济条件下,激励薪酬将激励员工和节约成本的作用发挥得较好,使得越来越多的组织予以使用,而这种薪酬计划的缺点也使得激励薪酬的实施过程必须非常谨慎,这里着重指出以下几点:

第一,组织必须认识到,激励薪酬只是组织整体薪酬体系中的一个重要组成部分,它尽管对于激励员工的行为和绩效具有重要的作用,但是不能取代其他薪酬计划。

第二,激励薪酬必须对那些圆满完成组织绩效或行为与组织目标一致的员工给予回报,激励薪酬必须与组织的战略目标及其文化和价值观保持一致,并且与其他经营活动相协调。

第三,要想实施激励薪酬,组织必须首先建立有效的绩效管理体系。这是因为激励薪酬以员工个人、群体甚至组织整体的业绩作为奖励支付的基础,如果不能建立公平合理、准确完善的绩效评价系统,绩效奖励就成了无源之水、无本之木。

第四,有效的激励薪酬必须在绩效和奖励之间建立紧密的联系。这是因为无论组织的目标多么清晰,绩效评价多么准确,反馈多么富有成效,如果它与报酬之间不存在联系,绩效也不会达到最大化。

第五,激励薪酬必须获得有效沟通战略的支持。既然激励薪酬要求员工能够承担一定的风险,那就要求组织能够及时为员工提供正确地做出决策所需要的各种信息。

第六,激励薪酬需要保持一定的动态性,过去曾经取得成功的激励薪酬现在并不一定依然成功,而经常是要么需要重新设计新的激励薪酬,要么需要对原有的激励薪酬进行较大的修改和补充。

(二)激励薪酬的种类

1.个人激励薪酬

(1)直接计件工资计划

直接计件工资计划是先确定在一定时间(比如 1 小时)内应当生产出的标准产出数量,然后根据标准产出数量确定单位时间工资率,最后根据实际产出水平计算出实际应得薪酬。显然,在这种计划下,产出水平高于平均水平者得到的薪酬也较高。这种奖励计划的优点是简单明了,容易被员工了解和接受。其主要缺点是确定标准存在困难。在生产领域需要进行时间研究,但是时间研究所得出的计件标准的准确性会受到观察的次数、选择的观察对象、对正常操作速度的界定等各方面因素的影响。标准过松对组织不公平,标准过严又对员工不公平。

(2)标准工时计划

所谓标准工时计划,是指首先确定正常技术水平的工人完成某种工作任务所需要的时间,然后确定完成这种工作任务的标准工资率。即使一个人因技术熟练以少于标准时间的时间完成了工作,他依然可以获得标准工资率。举例来说,对于一位达到平均技术水平的汽车修理工来说,为小汽车补一个轮胎平均需要花费的时间可能是1小时。但是如果某位修理工的工作效率较高,他可能在半小时内就完成工作了,但组织在支付工资的时候,仍然是根据1小时来支付报酬。对于周期很长、技能要求较高、非重复性的工作而言,标准工时计划十分有效。

(3)差额计件工资计划

这种工资制度是由科学管理运动的开创者泰勒最先提出的。其主要内容是使用两种不同的计件工资率:一种适用于那些产量低于或等于预定标准的员工,而另一种则适用于产量高于预定标准的员工。

2. 群体激励薪酬

(1)利润分享计划

利润分享计划指对代表企业绩效的某种指标(通常是利润指标)进行衡量,并以衡量的结果为依据来对员工支付薪酬。利润分享计划有两个优势:一是将员工的薪酬和企业的绩效联系在一起,因此可以促使员工从企业的角度去思考问题,增强了员工的责任感;二是利润分享计划所支付的报酬不计入基本薪酬,这样有助于灵活地调整薪酬水平,在经营良好时支付较高的薪酬,在经营困难时支付较低的薪酬。利润分享计划一般有三种实现形式:一是现金现付制,就是以现金的形式即时兑现员工应得到的分享利润;二是递延式滚存制,就是指利润中应发给员工的部分不立即发放,而是转入员工的账户、留待将来支付,这种形式通常是和企业的养老金计划结合在一起的,有些企业为了减少员工的流动率,还规定如果员工的服务期限没有达到规定的年限,将无权得到或全部得到这部分薪酬;三是混合制,就是前两种形式的结合使用。

(2)收益分享计划

收益分享计划是企业提供的一种与员工分享因生产率提高、成本节约和质量提高等而带来的收益的绩效奖励模式。通常情况下,员工按照一个事先设计好的收益分享公式,根据本人所属部门的总体绩效改善状况获得奖金,常见的收益分享计划有斯坎伦计划与拉克计划。斯坎伦计划的操作步骤如下:①确定收益增加的来源,通常包括生产率的提高、成本节约、次品率下降或客户投诉率下降等,将这些来源的收益增加额加总,得出收益增加总额;②提留和弥补上期亏空,收益增加总额一般不全部进行分配,如果上期存在透支,要弥补亏空,此外还要提留一定比例的储备,得出收益增加净值;③确定员工分享收益增加净值的比重,并根据这一比重计算出员工可以分配的总额;④用可以分配的总额除以工资总额,得出分配的单价。员工的工资乘以这一单价,就可以得出该员工分享的收益增加数额。拉克计划在原理上与斯坎伦计划类似,但是计算的方式要复杂许多,它的基本假设是员工的工资总额保持在一个固定的水平上,然后根据企业过去几年的记录,以其中工资总额占生产价值(或净产值)的比例作为标准比例,确定奖金的数额。

(3)成功分享计划

成功分享计划又称为目标分享计划,它的主要内容是运用平衡计分卡的思想,为某个部门或团队制定包括财务和非财务目标、过程和结果目标等在内的若干目标,然后对超越目标的情况进行衡量,并根据衡量结果对某个部门或团队提供绩效奖励。在成功分享计划中,每个绩效目标都是相互独立的,部门或团队每超越一个绩效目标,就会单独获得一份奖励,经营单位所获得的总奖励金额等于其在每个绩效目标上所获得的奖励总和。成功分享计划的目的就在于将某个部门或团队的所有员工与某些预定的绩效改善目标联系在一起。如果这些目标达到了,员工就会得到货币报酬或非货币报酬。

3. 短期激励薪酬

(1)一次性奖金

顾名思义,一次性奖金是一种一次性支付的绩效奖励。在很多情况下,员工可能会因为完成了销售额或产量,实现了节约成本,甚至提出了对企业的合理化建议等而得到这种一次性的绩效奖励。在一些兼并、重组的事件发生时,为了鼓励被收购的企业中的有价值的员工留任而支付一笔留任奖金。还有一些企业为了鼓励优秀人才下定决心与企业签约,也会向决定加入本公司的新员工提供一笔签约奖金。一次性奖金的优势是不仅能足够地激励员工,而且不至于出现薪酬大量超出企业支付的范围,所以一次奖金比较灵活。

(2)月度/季度浮动薪酬

月度/季度浮动薪酬是指根据月度或季度绩效评价的结果,以月度绩效奖金或季度绩效奖金的形式对员工的业绩加以认可。这种月度或季度奖金一方面与员工的基本薪酬联系较为紧密,往往采用基本薪酬乘以一个系数或者百分比的方式来确定;另一方面,又具有类似一次性奖金的灵活性,不会对企业形成较大的成本压力,这是因为,企业月度或季度奖金投入的数量可根据企业的总体绩效状况灵活调整。比如,如果企业经营业绩好,则企业可能拿出相当于员工月度或季度基本薪酬120%的金额作为月度或季度绩效奖金发放;如果企业的经营业绩不佳,企业可能只拿出相当于员工月度或季度基本薪酬50%或更低比率的金额作为月度或季度绩效奖金发放。

(3)特殊绩效认可计划

特殊绩效认可计划具有非常高的灵活性,它可以对那些出人预料的单项高水平绩效表现(比如开发出新产品、开拓新的市场、销售额达到相当高的水平等)给予一次性的现金或者其他实物性奖励。特殊绩效认可或奖励计划提高了报酬系统的灵活性和自发性,为组织提供了一种让员工感觉到自己的重要性和价值的更多的机会。事实上,特殊绩效认可计划已经成为一种激励员工的很好的替代方法。这种计划不仅适用于为组织做出了特殊贡献的个人,而且适用于有特殊贡献的团队。比如,当一个工作团队的所有成员共同努力创造了显著的成果,或者完成了一项关键任务时,组织可以针对这个团队实施特殊绩效认可计划。

4. 长期激励薪酬

长期激励薪酬的支付周期通常为3~5年,长期激励薪酬强调长期规划和对组织的未来可能产生影响的那些决策。它能够创造一种所有者意识,有助于企业招募、保留和激励高绩效的员工,从而为企业的长期资本积累打下良好的基础。对于那些新兴的风险型高科技企业来说,长期激励薪酬的作用是非常明显的。此外,长期激励薪酬对员工也有好处,它不仅为员工提供了一种增加收入的机会,而且为员工提供了一种方便的投资工具。股票所有权计划是长期激励薪酬的一种主要形式,目前,常见的股票所有权计划主要有三类:现股计划、期股计划和期权计划。

二、员工福利

(一)员工福利概述

1. 员工福利的概念

员工福利是企业基于雇佣关系,依据国家的强制性法令及相关规定,以企业自身的支付为依托,向员工提供的用以改善其本人和家庭生活质量的各种以非货币工资的支付形式为主的补充性报酬与服务。

根据定义,我们可以从以下几方面来理解员工福利:

第一,员工福利的提供方是企业,接受方是员工及其家属;

第二,员工福利是整个薪酬系统中的重要组成部分,是除了基本薪酬和激励薪酬之外的那部分薪酬;

第三,员工福利可以采取多种形式发放,服务、实物和货币都可以是福利的支付形式;

第四,员工福利旨在提高员工的满意度和对企业的归属感。

2. 员工福利的特点

第一,实物或延期支付的形式。基本薪酬和激励薪酬往往采取货币支付和现期支付的方式,而福利多采取实物支付或延期支付的形式。

第二,固定性。基本薪酬和激励薪酬具备一定的可变性,与员工个人直接相连;而福利则比较固定,一般不会因为工作绩效的好坏而在福利的享受上存在差异。

第三,均等性。企业内部的福利对于员工而言具有一视同仁的特点,履行了劳动义务的企业员工,都有享有企业各种福利的平等权利,不会因为职位层级的高低而有所差别,但均等性是针对一般福利而言的,对一些高层次的福利,许多企业还是采取了差别对待的方式,例如对高层管理人员的专车配备等。

第四,集体性。福利主要是通过集体消费或使用公共物品等方式让员工享有,集体消费主要体现在通过集体购买和集体分发的方式为员工提供一些生活用品。

3. 员工福利的作用

(1)员工福利对企业的作用

从表面上看,对于企业来说支付福利费用是一种成本支出。但事实并非如此,科学合理的福利制度为企业带来的实际收益是远高出同等数量的基本薪酬所产生的收益的。员工福利对于现代企业的意义主要体现在以下几点:①大多数员工是属于规避风险型的,他们追求稳定,而与直接薪酬相比,福利的稳定性更强,因此福利更能够吸引和保留员工;②福利可以满足员工心理需求并使其获得较高的工作满意度,具有较强的激励作用,能有效地提高员工绩效,实现组织的战略目标;③企业可以享受优惠税收政策,提高成本支出的有效性。

(2)员工福利对员工的作用

许多员工在选择工作的时候比较重视企业所能提供的福利待遇,原因不仅仅在于福利待遇是构成总薪酬的一个部分,更在于福利可以满足员工的多种需求。具体来说,福利对员工的作用可体现在以下方面:①增加员工的收入,在员工的总薪酬中,有的企业福利占到30%左右。另外,福利对于员工而言是一种保障性的收入,不会因为员工个人绩效不佳而减少;②保障员工家庭生活及退休后的生活质量。员工退休后的收入较在职时会有较大幅度的降低,国家法定的养老保险等福利待遇就能够保障员工退休后的生活维持在一定的水平;③满足员工的平等和归属需要。福利具有均等性,能让员工感受到公平和企业对他们的重视,从而获得归属感和尊重感;④集体购买让员工获得更多的优惠。集体购买产生规模效益,具有价格上的优惠;⑤满足员工多样化的需求。员工福利的形式多种多样,既可以是实物也可以是服务,多样化的福利形式能够满足员工多样化的需求。

(二)员工福利的种类

1. 法定福利

这是由国家相关的法律和法规规定的福利内容,具有强制性,任何企业都必须执行。法定福利为员工提供了工作和生活的基本保障,当员工在遭遇失业、疾病、伤残等特殊困难时给予及时救助,提高了员工防范风险的能力。从我国目前的情况看,法定福利主要包括以下几项内容。

(1)法定的社会保险

法定的社会保险包括基本养老保险、基本医疗保险、失业保险、工伤保险和生育保险。养老保险是国家为劳动者或全体社会成员依法建立的老年收入保障制度,当劳动者或社会成员达到法定退休年龄时,由国家或社会提供养老金,保障退休者的基本生活。医疗保险是由国家立法,按照强制性社会保险原则,由国家、用人单位和个人集资(缴保险费)建立的医疗保险基金,当个人因病接受医疗服务时,由社会医疗机构提供医疗费用补偿的社会保险制度。失业保险是国家以立法形式,集中建立失业保险基金,对因失业而暂时中断收入的劳动者在一定期间提供基本生活保障的社会保险制度。生育保险是国家通过立法,筹集保险基金,对生育子女期间暂时丧失劳动能力的职业妇女给予一定的经济补偿、医疗服务和生育休假的社会保险制度。工伤保险是国家立法建立的,对在经济活动中因工伤致残或因从事有损健康的工作患职业病而丧失劳动能力的劳动者,以及对职工因工作死亡后无生活来源的遗属提供物质帮助的社会保障制度。

(2)公休假日

公休假日指企业要在员工工作满一个工作周后让员工休息一定的时间,我国目前实行的是每周休息两天的制度。《劳动法》第三十八条规定用人单位应当保证劳动者每周至少休息一日。

(3)法定休假日

法定休假日就是员工在法定的节日要享受休假,我国目前的法定节日包括元旦、春节、国际劳动节、国庆节和法律法规规定的其他休假节日。《劳动法》规定,法定假日安排劳动者工作的,支付不低于300%的劳动报酬。

(4)带薪年休假

带薪年休假,又叫探亲假,是职工分居两地,又不能在公休日与配偶或父母团聚的带薪假期。

2. 企业福利

(1)企业补充养老保险

社会基本养老保险制度虽然覆盖面宽,但收入保障水平较低。随着我国人口老龄化加剧,国家基本养老保险负担过重的状况日趋严重,补充养老保险开始成为企业建立的旨在为其员工提供一定程度退休人员收入保障的养老保险计划。

(2)健康医疗保险

健康医疗保险是对职工基本医疗保险的补充,健康医疗保险的目的是减少当员工生病或遭受事故时本人及其家庭所遭受的损失。企业通常以两种方式提供这种福利:集体投保或者加入健康维护组织。

(3)集体保险

保险是市场经济体制国家的一些企业所提供给员工的一种最常见的福利,大多数企业是为其员工提供集体保险。

（4）住房或购房计划

除了住房公积金之外，企业为更有效地激励和保留员工，还采取其他多项住房福利项目支持员工购房，如住房贷款利息给付计划、住房津贴等。

（5）员工服务福利

员工服务福利是企业根据自身的条件及需要，扩大了福利范畴，通过为员工提供各种服务来达到激励员工、稳定员工的目的。如给员工援助服务、给员工再教育补助、给员工提供健康服务等。

（6）其他补充福利

如交通补贴、饮食津贴、节日津贴、子女教育辅助计划、独生子女补助费等。

第七章　多维视角下员工关系管理

第一节　劳动关系的基础认知

一、劳动关系概述

（一）劳动关系概念

劳动关系是指劳动者与劳动力使用者以及相关组织为实现劳动过程所构成的社会经济关系，在不同国家或不同体制下，劳动关系又被称为"劳资关系""劳工关系""劳雇关系""雇佣关系""员工关系""产业关系"和"劳使关系"等。

（二）劳动关系的特点

1. 劳动关系是经济利益关系

雇员付出劳动从雇主那里换取报酬及福利才能维持生活。因此，工资和福利就成为连接雇主与雇员的基本经济纽带，这就形成了雇员与雇主之间的经济利益关系。如果缺乏这种经济利益上的联系，劳动关系就不存在，因而经济利益也就成为雇员与雇主最主要的联系，也是雇员与雇主之间合作和冲突的最主要的原因。

2. 劳动关系是一种劳动力与生产资料的结合关系

因为从劳动关系的主体上说，当事人一方为劳动力所有者和支出者，称为雇员（或劳动者）；另一方为生产资料所有者和劳动力使用者，称为雇主（或用人单位）。劳动关系的本质是强调用人单位需要将劳动者提供的劳动力作为一种生产要素纳入其生产过程，与生产资料相结合。

3. 劳动关系是一种具有显著从属性的人身关系

虽然双方的劳动关系是建立在平等自愿、协商一致的基础上，但劳动关系建立后，双方在职责、管理上则具有了从属关系。用人单位要安排劳动者在组织内和生产资料结合；而劳动者则要通过运用劳动能力，完成用人单位交给的各项生产任务，并遵守单位内部的规章制度，接受用人单位的管理和监督。劳动者在整个劳动过程中无论是在经济上，还是在人身上都从属于雇主。

4. 劳动关系体现了表面上的平等性和实质上的非平等性

管理方和劳动者双方都是劳动关系的主体，在平等自愿的基础上签订劳动合同，缔结劳动关系。同样也可以解除劳动关系,在遵循法律规定的情况下,劳动者可以辞职,企业也可以辞退员工。双方在履行劳动合同过程中,劳动者按照管理方要求提供劳动,管理方支付劳动者劳动报酬,这也是权利义务的对等。

但这种平等是相对的。从总体上看,劳动者和用人单位在经济利益上是不平等的。虽然法律规定双方具有平等的权利,但是经济力量上的差异造成的实际权利上的不平等已经是个不容否认的事实,特别是就业压力大的情况下,雇主会在劳动力市场上占有更大的优势和主动地位,劳动者往往会接受具有不利于劳动者的不公平条款的合同。相对而言,劳动者的选择机会是有限的,而雇主则可以利用各种有利的形势迫使劳动者接受不平等的合同条款,如较低的工资待遇和福利,或者过长的工作时间等。

5. 劳动关系具有社会关系的性质

劳动关系不仅仅是一种纯粹的经济关系,它更多地渗透到非经济的社会、政治和文化关系中。在劳动关系中,劳动者在追求经济利益的同时,也寻求其他方面的利益,如荣誉、周围人们的尊敬、归属感、成就感等。所以,工作不仅是劳动者赖以生存的基础,工作场所也是满足劳动者以上需要的场所。这就要求雇主在满足劳动者经济需要的同时,还要关注劳动者的社会需求。

(三)劳动关系和劳务关系的区别

劳动关系的法律特征使其与劳务关系区分开,这两者是实践中最容易混淆的概念。劳务关系是平等主体的公民、法人、其他组织之间,以提供劳务和支付报酬为主要内容的民事关系。二者的区别主要体现在以下几个方面。

1. 主体不同

劳动关系的主体是确定的,即一方是用人单位,另一方必然是劳动者。而劳务关系的主体是不确定的,可能是两个平等主体,也可能是两个以上的平等主体;可能是法人之间的关系,也可能是自然人之间的关系,还可能是法人与自然人之间的关系。

2. 关系不同

劳动关系两个主体之间不仅存在财产关系即经济关系,还存在着人身关系,即行政隶属关系。也就是说,劳动者除提供劳动之外,还要接受用人单位的管理,服从其安排,遵守其规章制度等。劳动关系双方当事人,虽然法律地位是平等的,但实际生活中的地位是不平等的。劳务关系两个主体之间只存在财产关系,或者说是经济关系。即劳动者提供劳务服务,用人单位支付劳务报酬。

3. 待遇不同

劳动关系注重劳动过程,报酬以工资的形式定期支付,在支付形式、期限、最低标准方面受法律规定的限制;劳务关系注重提供劳务的结果,报酬的数额由双方约定。

4. 适应法律不同

劳动关系产生的纠纷适用劳动法律,如《中华人民共和国劳动法》《劳动合同法》等的调整;劳务关系涉及平等主体之间的关系,适用民法,如《合同法》的调整。

二、劳动关系的构成主体

劳动关系的主体是指劳动关系中相关各方。从狭义上讲,劳动关系的主体包括两方:一方是雇员和以工会为主要形式的雇员团体;另一方是雇主及雇主组织。从广义上讲,除了雇员或雇员团体和雇主外,政府通过立法介入和影响劳动关系,政府也是广义劳动关系的主体之一。

（一）雇员

劳动关系中的雇员是指具有劳动权利能力和行为能力,由雇主雇佣并在其管理下从事劳动以获取工资收入的法定范围的劳动者。一般具有以下特征:雇员是被雇主雇佣的人,不包括自由职业者和自雇佣者;雇员要服从雇主的管理;雇员以工资为劳动收入。

（二）雇员团体

在劳动关系中,员工和雇主地位之间的差距是造成劳资冲突的根本原因。为了能够与雇主相抗衡,员工组织了自己的团体来代表全体员工的共同利益。雇员团体包括工会和类似于工会的雇员协会与职业协会。

（三）雇主

雇主也称雇佣者、用人单位、用工方、资方、管理方,是指在一个组织中,使用雇员进行有组织、有目的的活动,并向雇员支付工资报酬的法人或自然人。各个国家由于国情的不同,对雇主范围的界定也不一样。在我国,使用得更多的是"用人单位"这一中性概念。

（四）雇主组织

雇主组织是由雇主依法组成的组织,其目的是通过一定的组织形式,将单个雇主联合起来形成一种群体力量,在产业和社会层面通过这种群体优势同工会组织进行协商和谈判,最终促进并维护每个雇主成员的利益。雇主组织通常有以下三种类型:行业协会、地区协会和国家级雇主联合会。在我国,像中国企业联合会、中国企业家协会、各种总商会、全国工商联合会和中国民营企业家协会等,都是雇主组织。雇主组织的主要作用是维护雇主利益,主要从事的活动有以下4种:①雇主组织直接与工会进行集体谈判;②当劳资双方对集体协议的解释出现分歧或矛盾时,雇主组织可以采取调解和仲裁的方式来解决;③雇主组织有义务为会员组织提供有关处理劳动关系的一般性建议,为企业的招聘、培训、绩效考核、安全、解雇等提供咨询;④雇主组织代表和维护会员的利益和意见。

（五）政府

现代社会中政府的行为已经渗透到经济、社会和政治生活的各个方面,政府在劳动关系中扮演着重要的角色,发挥着越来越重要的作用。政府在劳动关系中主要扮演4种角色:①劳动关系立法的制定者,通过出台法律、法规来调整劳动关系,保护雇员的利益;②公共利益的维护者,通过监督、干预等手段促进劳动关系的协调发展,切实保障有关劳动关系的法律、法规的执行;③国家公共部门的雇主,以雇主身份直接参与和影响劳动关系;④有效服务的提供者,为劳资双方提供信息服务和指导。

(六)国际劳工组织、国际雇主组织与国际经贸组织

全球化是当代劳动关系不得不面对的现实,任何国家的劳工问题都不得不考虑其国际背景和国际影响。因此,任何一个国家的劳动法律、政策和实践,在某种程度上都要受到来自有关国际组织和国际标准的约束。由于全球化的影响,我国劳动关系在主体结构、劳动标准、调整方式等方面,开始出现了国际化的趋向,即劳动关系的存在和调整,已经不仅仅是一个国家的内部事务,而且直接受到国际经贸规则和国际劳工标准的影响,以及跨国公司管理惯例的制约。产业工会面临着在全球和地区性国际经贸组织中,就产业发展和劳动关系协调等,与各国劳、资、政组织进行多边协商,以维护本国产业职工权益的问题。

三、劳动关系管理的作用

(一)可以避免矛盾激化的案件发生

劳动关系是否和谐稳定间接影响着社会关系的稳定程度。劳动争议的存在不仅是劳动关系管理工作不和谐的体现,同时如果处理得不合理,还可能会引发一系列的社会治安问题,劳动争议必须正确、公正、及时处理,这样才可能避免矛盾激化,减少恶性事件的发生率。因此,应注重劳动争议的处理,尽可能合理处理劳动争议案件,避免矛盾极端化。

(二)保证劳资双方的合法权益

劳动争议的案件大部分是因为劳动权利与义务产生的纠纷,大大降低了企业和劳动者之间的信任程度。劳资双方中不论任何一方侵犯对方权益、不全面履行相关义务与责任、违反国家规定都会使劳动关系的运行发生障碍。这不但影响了用人单位正常的生产经营秩序,损害企业的效益,同时也会影响劳动者及其直接抚养或赡养人的生活,从而影响社会的进步与稳定。合理及时地处理劳动争议,可以提高当事人的法制观念,保证劳资双方的合法权益。

(三)构建和谐社会的要求

增强劳动关系管理工作是构建和谐社会的要求。伴随市场化进程的不断发展,构建和谐社会就需要有稳定和谐的劳动关系。社会是文化、政治、经济诸多方面的统一体,是以物质生产为基础的人类生活共同体,是人与人在劳动过程中结成的各种关系的总和。在各种社会关系中,劳动关系是各种社会关系中最重要、最基本的关系,是一切社会关系的核心,因此,增强劳动关系管理工作是构建和谐社会的必然要求。

第二节 劳动合同的简要概述

一、劳动合同的内容

(一)劳动合同期限

劳动合同分为固定期限劳动合同、无固定期限劳动合同和以完成一定工作任务为期限

的劳动合同。劳动合同期限三个月以上不满一年的,试用期不得超过一个月;劳动合同期限一年以上不满三年的,试用期不得超过二个月;三年以上固定期限和无固定期限的劳动合同,试用期不得超过六个月。以完成一定工作任务为期限的劳动合同或者劳动合同期限不满三个月的,不得约定试用期。

(二)工作内容和工作地点

工作内容应明确员工在组织中从事的工作岗位、性质、工种以及应完成的任务,应达到的目标等,劳动者应事先对从事的工作做到心中有数。工作地点是劳动合同履行地,是劳动者从事劳动合同中所规定的工作内容的地点,劳动者有权在与用人单位建立劳动关系时知悉自己的工作地点。

(三)劳动保护和劳动条件

劳动保护是指用人单位为了防止劳动过程中的安全事故,减少职业危害,保障劳动者的生命安全和健康而采取的各种措施。劳动条件是指用人单位为保障劳动者履行劳动义务、完成工作任务而提供的必要物质和技术条件,如必要的劳动工具、机械设备、工作场地、技术资料等。

(四)劳动报酬和社会保险

劳动报酬是员工在付出一定劳动后的回报,组织应根据国家的法律法规,结合员工的实际工作,合理、定期地发放劳动报酬,劳动报酬有工资、奖金、津贴等形式。社会保险由国家成立的专门机构进行基金的筹集、管理及发放,不以营利为目的,一般包括医疗保险、养老保险、失业保险、工伤保险及生育保险。

(五)劳动纪律

劳动纪律是组织为了其正常的生产经营而建立的一种劳动规则,根据组织的实际情况,有工作时间纪律、生产纪律、保密纪律、防火纪律等,员工应自觉遵守组织制定的劳动纪律。

(六)违反劳动合同的责任

组织与员工任意一方由于自身的原因导致合同无法履行或不能完全履行,应按照合同的有关规定进行处罚,如《中华人民共和国劳动合同法》规定:"用人单位违反本法规定解除或者终止劳动合同的,应当依照本法第四十七条规定的经济补偿标准的二倍向劳动者支付赔偿金。"

除了以上必备条款外,用人单位与劳动者双方还可以约定培训、竞业禁止、保守秘密、补充保险和福利待遇等其他事项。

二、劳动合同变更

劳动合同的变更是指劳动合同双方当事人就已经订立的合同条款达成修改与补充的法律行为。有两种形式:法定变更和协商变更。

(一)法定变更

法定变更是指在特殊情形下,劳动合同的变更并非因当事人自愿或同意,而是具有强制性。这些特殊情况都是由法律明文规定的,当事人必须变更劳动合同:一是由于不可抗力或社会紧急事件等,企业或劳动者无法履行原劳动合同,如地震、战争、台风、暴雪等不可抗力或恶劣天气等自然灾害。当这些情况出现时,双方当事人应当变更劳动合同的相关内容。二是法律法规制定或修改,导致劳动合同中的部分条款内容与之相悖而必须修改,如政府关于最低工资标准的调整,地方政府颁布的关于高温天气作业的劳动时间变化的规定等。用人单位与劳动者应当依法变更劳动合同中相应的内容,并按照法律法规的强制性规定执行。

(二)协商变更

1.协商变更劳动合同内容的程序

用人单位与劳动者协商一致,可以变更劳动合同约定的内容。变更劳动合同,应采用书面的形式。变更后的劳动合同文本由用人单位和劳动者各执一份。协商变更劳动合同应遵循以下几个程序:①提出变更理由申请;②对方应及时回复;③协商一致后签订书面变更合同;④变更后书面合同各执一份保存。

2.协商变更劳动合同需要注意的问题

根据《中华人民共和国劳动合同法》及相关的法律法规,变更应当履行劳动合同订立的程序,但需要注意以下问题。

第一,用人单位和劳动者均可能提出变更劳动合同的要求。提出变更要求的一方应及时告知对方变更劳动合同的理由、内容、条件等,另一方应及时做出答复,否则将导致一定的法律后果。

第二,变更劳动合同应当采用书面形式。变更后的劳动合同仍然需要由劳动合同职工当事人签字、用人单位盖章且签字,方能生效。劳动合同变更书应由劳动合同双方各执一份,同时,对于劳动合同经过鉴证的,劳动合同变更书也应当履行相关手续。

第三,对于特定的情况,不需办理劳动合同变更手续的,只需向劳动者说明情况即可。如用人单位名称、法定代表人、主要负责人或者投资人等事项发生变更的,则不需要办理变更手续,劳动关系双方当事人应当继续履行原合同的内容。

第四,劳动合同变更应当及时进行。劳动合同变更必须在劳动合同生效之后、终止之前进行,用人单位和劳动者应当对劳动合同变更问题给予足够的重视,不能拖到劳动合同期满后进行。依照法律规定,劳动合同期满即行终止,那时便不存在劳动合同变更的问题了。

第五,劳动合同变更的效力。劳动合同变更是对劳动合同内容的局部更改,如工作岗位、劳动报酬、工作地点等,一般说来都不是对劳动合同主体的变更。变更后的内容对于已经履行的部分往往不发生效力,仅对将来发生效力,同时,劳动合同未变更的部分,劳动合同双方还应当履行。

三、劳动合同解除

劳动合同的解除,是指劳动合同在订立以后,尚未履行完毕或者未全部履行以前,由于合同双方或者单方的法律行为导致双方当事人提前解除劳动关系的法律行为。可分为协商解除、劳动者单方解除和用人单位单方解除三种情况。

（一）协商解除劳动合同

协商解除劳动合同，是指用人单位与劳动者在完全自愿的情况下，互相协商，在彼此达成一致意见的基础上提前终止劳动合同的效力。

用人单位与劳动者协商一致，可以解除劳动合同。此为协商解除劳动合同，即双方当事人在合意的前提下，可以做出与原来合同内容不同的约定，这种约定可以是变更合同相关内容，也可以是解除劳动合同关系。双方当事人一旦就劳动合同的解除协商达成一致，并签订书面解除合同协议，就产生了双方劳动合同关系完结的法律效力。

劳动合同依法订立后，双方当事人必须履行合同义务，遵守合同的法律效力，任何一方不得因后悔或者难以履行而擅自解除劳动合同。但是，为了保障用人单位的用人自主权和劳动者劳动权的实现，规定在特定条件和程序下，用人单位与劳动者在协商一致且不违背国家利益和社会公共利益的情况下，可以解除劳动合同，但必须符合以下几个条件：

第一，被解除的劳动合同是依法成立的有效的劳动合同；

第二，解除劳动合同的行为必须是在被解除的劳动合同依法订立生效之后、尚未全部履行之前进行；

第三，用人单位与劳动者均有权提出解除劳动合同的请求；

第四，在双方自愿、平等协商的基础上达成一致意见，可以不受劳动合同中约定的终止条件的限制。

（二）劳动者单方解除劳动合同

劳动者与用人单位解除劳动合同，可以分为两种情况：一是由于劳动者自身的主观原因，想要提前解除劳动合同；二是用人单位的过错，而使劳动者不得不与之解除劳动合同的情况。

1. 由于劳动者自身的主观原因想要提前解除劳动合同

劳动者提前三十日以书面形式通知用人单位，可以解除劳动合同。劳动者在试用期内提前三日通知用人单位，可以解除劳动合同。劳动者在行使解除劳动合同权利的同时，必须遵守法定的程序，主要体现在以下两个方面。

（1）遵守解除预告期

规定劳动合同的解除预告期是各国劳动立法的通行做法。劳动者在享有解除劳动合同权的同时，也应当遵守解除合同预告期，即应当提前三十天通知用人单位才能有效，也就是说劳动者在书面通知用人单位后还应继续工作至少三十天，这样便于用人单位及时安排人员接替其工作，保持劳动过程的连续性，确保正常的工作秩序，避免因解除劳动合同影响企业的生产经营活动，给用人单位造成不必要的损失。同时，这样也使劳动者解除劳动合同合法化。否则,将会构成违法解除劳动合同,而将可能承担赔偿责任。

(2)书面形式通知用人单位

无论是劳动者还是用人单位,在解除劳动合同时,都必须以书面形式告知对方。因为这一时间的确定直接关系到解除预告期的起算时间,也关系到劳动者的工资等利益,所以必须以慎重的方式来表达。《劳动合同法》还对劳动者在试用期内与用人单位解除劳动合同做了规定。试用期内应提前三日通知用人单位,以便用人单位安排人员接替其工作。

如果劳动者违反法律法规规定的条件解除劳动合同,给用人单位造成经济损失的,还应当承担赔偿责任,劳动者提出解除劳动合同的,用人单位可以不给付经济补偿金。

2.用人单位过错导致劳动者不得不提前解除劳动合同

《劳动合同法》规定,用人单位有下列情形之一的,劳动者可以解除劳动合同。

第一,未按照劳动合同约定提供劳动保护或者劳动条件的;

第二,未及时足额支付劳动报酬的;

第三,未依法为劳动者缴纳社会保险费的;

第四,用人单位的规章制度违反法律、法规的规定,损害劳动者权益的;

第五,因本法第二十六条第一款规定的情形(用人单位以欺诈、胁迫的手段或者乘人之危,使对方在违背真实意思的情况下订立或者变更劳动合同的)致使劳动合同无效的;

第六,法律、行政法规规定劳动者可以解除劳动合同的其他情形。

用人单位以暴力、威胁或者非法限制人身自由的手段强迫劳动者劳动的,或者用人单位违章指挥、强令冒险作业危及劳动者人身安全的,劳动者可以立即解除劳动合同,不需事先告知用人单位。

特别解除权是劳动者无条件单方解除劳动合同的权利,是指如果出现了法定的事由,劳动者无须向用人单位预告就可通知用人单位解除劳动合同。由于劳动者行使特别解除权往往会给用人单位的正常生产经营带来很大的影响,法律或者立法者在平衡保护劳动者与企业合法利益基础上对此类情形作了具体的规定,只限于在用人单位有过错行为的情况下,允许劳动者行使特别解除权。

(三)用人单位单方解除劳动合同

劳动合同法在赋予劳动者单方解除权的同时,也赋予用人单位对劳动合同的单方解除权,以保障用人单位的用工自主权,但为了防止用人单位滥用解除权,随意与劳动者解除劳动合同,立法上严格限定企业与劳动者解除劳动合同的条件,以保护劳动者的劳动权。禁止用人单位随意或武断地与劳动者解除劳动合同。劳动合同法中对用人单位单方解除劳动合同的问题,做了比较明确的规定。

1.因劳动者过错而解除劳动合同

《劳动合同法》规定,劳动者有下列情形之一的,用人单位可以解除劳动合同:

第一,在试用期间被证明不符合录用条件的;

第二,严重违反用人单位的规章制度的;

第三,严重失职,营私舞弊,给用人单位造成重大损害的;

第四,劳动者同时与其他用人单位建立劳动关系,对完成本单位的工作任务造成严重影响,或者经用人单位提出,拒不改正的;

第五,因本法第二十六条第一款规定的情形(劳动者以欺诈、胁迫的手段或者乘人之危,使对方在违背真实意思的情况下订立或者变更劳动合同的)致使劳动合同无效的;

第六,被依法追究刑事责任的。

上述几种情况的劳动合同解除,均是因劳动者的过错造成的,所以,用人单位在解除劳动合同时,不需提前通知,也无须向劳动者支付解除劳动合同的补偿金。

2.劳动者无过失而解除劳动合同

《劳动合同法》规定,有下列情形之一的,用人单位提前三十日以书面形式通知劳动者本人或者额外支付劳动者一个月工资后,可以解除劳动合同。

第一,劳动者患病或非因工负伤医疗期满后,不能从事原来的工作,也不能从事用人单位另行安排的工作;

第二,劳动者不能胜任工作,经过培训或者调整工作岗位,仍不能胜任工作的;

第三,劳动合同订立时所依据的客观情况发生重大变化,致使原劳动合同无法履行,经当事人双方协商一致达成协议的。

另外,当以下条件出现时,用人单位需要裁员,应向工会及全体员工说明,听取工会意见,向劳动管理部门报告。用人单位经济性裁员的两个条件包括:①用人单位濒临破产,进行法定整顿期间;②用人单位生产经营发生严重困难确需裁减人员。

3.用人单位不得解除劳动合同的规定

对于劳动者无过失而解除劳动合同的情形,《劳动合同法》作了特别规定。劳动者有下列情形之一的,用人单位不得解除劳动合同。

第一,从事接触职业病危害作业的劳动者未进行离岗前职业健康检查,或者疑似职业病病人在诊断或者医学观察期间的;

第二,在本单位患职业病或者因工负伤并被确认丧失或者部分丧失劳动能力的;

第三,患病或者非因工负伤,在规定的医疗期内的;

第四,女职工在孕期、产期、哺乳期的;

第五,在本单位连续工作满十五年,且距法定退休年龄不足五年的;

第六,法律、行政法规规定的其他情形。

四、劳动合同的终止

劳动合同终止是指劳动合同的法律效力依法被消灭,即劳动关系由于一定法律事实的出现而终结,劳动者与用人单位之间原有的权利义务不再存在。但是,劳动合同终止,原有的权利义务不再存在,并不是说劳动合同终止之前发生的权利义务关系消灭,而是说合同终止之后,双方不再执行原劳动合同中约定的事项,如用人单位在合同终止前拖欠劳动者工资的,劳动合同终止后劳动者仍可依法申请诉求。

(一)劳动合同终止与解除的区别

劳动合同终止与解除存在以下几方面的不同:第一,阶段不同。劳动合同终止是劳动合同关系的自然结束,而解除是劳动合同关系的提前结束;第二,结束劳动关系的条件都有约定条件和法定条件,但具体内容不同。劳动合同终止的条件中,约定条件主要是合同期满的情形,而法定条件主要是劳动者和用人单位主体资格的消灭。劳动合同解除的条件中,约定条件主要是协商一致解除合同情形,而法定条件是一些违法违纪违规等行为;第三,预见性不同。劳动合同终止一般是可以预见的,特别是劳动合同期满终止的,而劳动合同解除一般不可预见。

(二)劳动合同终止的条件

《劳动合同法》规定,有下列情形之一的,劳动合同终止。

第一,劳动合同期满的;

第二,劳动者开始依法享受基本养老保险待遇的;

第三,劳动者死亡,或者被人民法院宣告死亡或者宣告失踪的;

第四,用人单位被依法宣告破产的;

第五,用人单位被吊销营业执照、责令关闭、撤销或者用人单位决定提前解散的;

第六,法律、行政法规规定的其他情形。

五、无效劳动合同

无效劳动合同,是指不受国家法律保护的、对用人单位和劳动者双方均无约束力的劳动合同。无效劳动合同有两种形式。一是合同无效,即该合同自订立之日起对双方就没有法律约束力。二是合同部分条款无效。其中无效的条款不受国家法律保护,有效条款仍具有法律效力。

(一)劳动合同无效的确认条件

第一,以欺诈、胁迫的手段或者乘人之危,使对方在违背真实意思的情况下订立或者变更劳动合同。"欺诈"指一方当事人故意告知对方当事人虚假的情况,或故意隐瞒真实情况,诱使对方当事人做出错误意思表示的行为;"胁迫"指以给对方当事人生命健康、荣誉、名誉、财产等造成损害为要挟,迫使对方做出违背真实意思表示的行为;"乘人之危"指一方当事人乘对方处于危难之机,为谋取不正当利益,迫使对方做出不真实的意思表示,严重损害对方利益的行为。例如,用人单位在强迫劳动者交纳巨额集资款、风险金、培训费、保证金、抵押金等情况下签订的劳动合同；用人单位虚假承诺优厚的工作条件签订的劳动合同；劳动者伪造学历、履历或者提供其他虚假情况签订的劳动合同。

第二，用人单位免除自己的法定责任、排除劳动者权利的合同。实践中，很多劳动合同是由用人单位提供的格式合同，其中可能包括对劳动者合法权利限制的内容。例如，约定劳动者自行负责工伤、职业病，规定劳动者在合同期限内不准恋爱、结婚、生育等违反《劳动合同法》和劳动安全保护制度等法律法规的条款。

第三，违反法律、行政法规强制性规定的合同。主要有：一是主体资格不合法的劳动合同，如与童工签订的劳动合同，劳动合同期满后用人单位强迫劳动者续签的合同；二是内容不合法的劳动合同，如违反我国《职业病防治法》和《安全生产法》等法律法规条款，以及试用期超过六个月，不购买社会保险，设定无偿或不对价的竞业限制条件等条款的劳动合同；三是损害社会和第三人合法利益的劳动合同，如双方恶意串通，以合法形式掩盖非法目的的合同等，均为无效合同。

对劳动合同无效或部分条款无效有争议的，由劳动争议仲裁机构或者人民法院确认。

（二）劳动合同无效的法律后果

劳动合同无效的，劳动合同应该解除。劳动合同部分条款无效的，其他条款仍然有效，对无效劳动合同的处理，遵循"过错责任原则"，即由有过错的一方承担责任，如果给对方造成损失，还应负赔偿责任。具体有三种情况。

1.劳动者无过错

即导致劳动合同无效，不是由于劳动者的过错，而是其他客观或主观的原因，用人单位应该向劳动者支付经济补偿金；劳动者已付出劳动的，还应该向劳动者支付劳动报酬，其数额参照本单位相同或者相近岗位劳动者的劳动报酬确定。

2.用人单位的过错

用人单位的过错造成劳动合同无效的，用人单位应该按经济补偿金的两倍向劳动者支付赔偿金。对劳动者造成损害与损失的，按劳动部《违反〈劳动法〉有关劳动合同规定的赔偿办法》补偿：一是造成劳动者工资收入损失的，按劳动者本人应得工资收入交付给劳动者，并加付应得工资收入25％的赔偿费用；二是造成劳动者劳动保护待遇损失的，应按国家规定补足劳动者的劳动保护津贴和用品；三是造成劳动者工伤、医疗待遇损失的，除按国家规定为劳动者提供工伤、医疗待遇外，还应支付劳动者相当于医疗费用25％的赔偿费用；四是造成女职工和未成年职工身体健康损害的，除按国家规定提供治疗期间的医疗待遇外，还应支付相当于其医疗费用25％的赔偿费用；五是劳动合同约定的其他赔偿费用。

3.劳动者的过错

劳动者的过错造成劳动合同无效，用人单位可随时解除劳动合同，不必支付经济补偿金。劳动者给用人单位造成损失的，也应该按照《违反〈劳动法〉有关劳动合同规定的赔偿办法》的规定赔偿下列损失：一是用人单位招收录用其所支付的费用；二是用人单位为其支付的培训费用，双方另有约定的按约定办理；三是对生产、经营和工作造成的直接经济损失；四是劳动合同约定的其他赔偿费用。

除上面三种情形以外导致劳动合同无效的，可以依照当事人的过错大小以及造成的实际损失，由当事人协商，或者交由劳动合同仲裁机构和人民法院依法裁量。

第三节　员工关系管理

一、员工关系管理概述

(一)员工关系

1.员工关系的含义

广义的员工关系是指企业管理者与员工及团体之间产生的，由双方利益引起的，表现为合作、冲突、力量和权利关系的总和，并受到一定社会中经济、技术、政策、法律制度和社会文化背景的影响。狭义的员工关系是企业与员工之间的一种组织内部关系，既不涉及工会，也不涉及政府，是企业和员工在一定的法律框架内形成的经济契约和心理契约的总和。

无论是广义还是狭义的员工关系，其实质都是企业与员工之间的劳资关系，体现的是雇用与被雇用的关系。员工与企业之间相互作用的行为，体现了既对立又合作的特点，既包括双方因签订雇用合同而产生的法律上的权利义务关系及由此产生的利益冲突，也包括社会层面双方的人际、情感甚至道义等关系，以及不成文的传统、习惯及默契等伦理关系。

员工关系非常复杂，但最终都可以归纳为合作和冲突两个根本点。合作是指企业与员工针对双方的行为规范、员工的薪酬福利、对员工工作努力程度的预期、对员工个人行为的奖惩等内容协商一致，制定出的双方均需共同遵守的制度和规则。通过合作，员工从个人生存及发展的角度出发，向企业提供自己的劳动服务并从中获得回报；企业则从员工提供的劳动服务中获取收益并向员工支付薪酬。冲突则是在企业与员工的合作中，双方的利益、目标和期望在不能保持一致的情况下，出现的分歧、矛盾等。

2.员工关系的特点

企业、员工及员工团体作为员工关系的主体，具有如下四个特点。

(1)个体性与集体性

员工关系可分为个别员工关系与集体员工关系。个别员工关系是指个别员工与企业之间的关系，是个别员工在从属的地位上提供职业性劳动、企业支付薪酬的关系；集体员工关系则是员工的团体如工会，为维持或提高员工劳动条件与企业之间的互动关系。

(2)平等性与不平等性

员工以劳动换取薪酬，在劳动过程中有服从企业指示的义务，处于从属地位，提供职业性劳动，从这一点上讲，员工关系有其不平等的一面。但在员工签订劳动合同之前，与企业就劳动条件进行协商时,员工并不处于从属地位,即使在劳动关系存续期间,员工就劳动条件的维持或提高与企业协商时,也无服从的义务,这是员工关系平等性的一面。

(3)对等性与非对等性

所谓对等性,是指一方没有履行某一义务时,他方可以免除自己相对义务的履行。如员工提供劳动与企业提供劳动报酬是对等的义务,员工提供劳动,企业必须支付劳动报酬;员工没有提供劳动(工伤、孕期等特殊条件除外),企业可以免除支付劳动报酬这一义务。非对等性则是指一方即使没有履行某一义务,他方仍然不能免除履行另一相对义务。如员工的忠诚义务与雇主的薪酬支付是非对等的义务,即使员工对企业未履行忠诚的义务,但只要员工提供了劳动,企业仍然必须支付劳动报酬。

(4)经济性、社会性与法律性

经济性是指员工在提供劳动时,其劳动付出程度、劳动创造的价值等往往会有所差异,从企业获取的薪酬也并不一致。社会性是指员工在获取经济回报的同时,依据马斯洛需求层次理论,还需要通过工作获得作为社会人所需要的归属感、尊严、自我价值实现等更高精神层面的满足。法律性是指员工与企业之间还存在劳动契约关系,这种契约关系都建立在合乎法律的基础上,双方的权利和义务都受到法律的保护与约束。

(二)员工关系管理

1. 员工关系管理的含义

从广义上讲,员工关系管理是在企业人力资源管理体系中,各级管理人员和人力资源职能管理人员通过拟定和实施各项人力资源管理政策和管理行为,以及其他的管理沟通手段,调节企业和员工、员工与员工之间的相互联系和影响,从而实现组织的目标并确保为员工、社会增值。

从狭义上讲,员工关系管理就是企业和员工的沟通管理,这种沟通更多采用柔性的、激励性的、非强制的手段,来提高员工满意度,支持组织其他管理目标的实现。员工关系管理的主要作用是:协调员工与管理者、员工与员工之间的关系,引导建立积极向上的工作环境。

员工关系管理是人力资源管理的一项基本职能,对于这一基本职能,要掌握以下几个要点:员工关系管理是以员工为中心的一种全过程的管理;利益关系的协调是员工关系管理的基石和根本;心理契约是员工关系管理的核心内容。

2. 员工关系管理的内容

按时间顺序,员工关系管理包含了从员工入职到离职的全部过程。换句话说,当人员通过应聘进入用人单位后,就进入了员工关系管理的范围之内。因此,员工关系管理包含了招聘阶段、入职阶段、试用期阶段、在职阶段以及离职阶段的员工关系管理。从人力资源管理职能的角度看,员工关系管理的内容主要包括劳动关系管理、员工沟通管理、员工使用管理、员工权益保护、员工义务管理、员工满意度管理、裁员与离职管理、劳动争议处理与预防八大模块。

3. 员工关系管理与劳动关系管理辨析

劳动关系管理是指以促进组织经营活动的正常开展为前提，以缓和、协调组织劳动关系的冲突为基础，通过规范化、制度化的管理，使劳动关系双方（企业与员工）的行为得到规范，权益得到保障，保障企业经营稳定运行。劳动关系管理的基础领域主要有两个方面：一是促进劳动关系的合作；二是缓和、解决劳动关系的冲突。具体来说，劳动关系管理的对象主要包括五个方面：员工的罢工、怠工和抵制等；因用人单位处分、排斥或侵犯员工的权利而引发的劳动争议、仲裁、诉讼等劳动关系问题；员工参与管理问题；双方协商制度；集体谈判制度。

劳动关系管理是员工关系管理的一部分，二者都是企业人力资源管理的重要内容和任务，但在关系主体、实现目标、解决问题的方式、研究内容等方面又存在明显的差别。

4. 员工关系管理的意义

员工关系管理的最高目标应该是做到让员工把所有精神放在工作上，没有后顾之忧。从根本上，员工关系管理可以确保企业中员工管理政策和管理实践的合法性与公平性。具体来说，员工关系管理有以下几个方面的意义。

(1) 有利于促进员工工作与生活的平衡

员工关系管理通过人际关系管理、员工满意度调查等措施，营造宽松的工作氛围，让员工愉快地工作。同时，通过一些涉及员工衣、食、住、行和娱乐的措施，照顾员工生活中的方方面面，在员工面对困难时实施员工帮助计划，让员工没有后顾之忧，帮助其平衡工作与生活的关系。

(2) 有利于提高员工的工作效率

首先，员工的工作与生活趋于平衡，没有了后顾之忧，便能全身心地投入到工作中；其次，合理的激励政策能激发员工的工作积极性与热情，鞭策员工实现更高的绩效；最后，畅通的沟通机制保障了员工之间和上下级之间的沟通质量，避免了不必要的信息损耗和沟通障碍。从这三个方面可以看出，员工关系管理有利于提高员工的工作效率，从而提高企业绩效。

(3) 有利于知识的分享与创新

知识经济时代，畅通的沟通机制有助于员工之间和上下级之间及时交流信息、沟通思想。沟通管理既可以满足员工的社交需求，让他们自由地表达自己的见解，又可以促进知识的流动与分享，使员工在群体中互相学习，共同进步。此外，建言渠道的畅通也是知识创新成果得以推广的重要保障。

(4) 有利于形成企业特有的文化

通过员工关系管理，有助于企业内部形成融洽的人际关系氛围，更好地促进企业文化的形成与稳固。员工关系管理打破了传统雇佣关系的纯制度化模式，在管理过程中加入了人性化机制——情感管理，让员工感受到企业对自己的尊重与认同，这能增加员工对企业的认同感，共享企业价值观，形成企业文化。

二、员工关系管理的流程与内容

（一）入职阶段的员工关系管理

1. 入职管理

新员工入职流程主要包括入职准备、入职手续办理及入职培训三大部分。从确定录用开始，员工关系管理即进入入职管理环节。

入职准备阶段，由人力资源部负责与用人部门及后勤支持部门提前沟通协调，共同做好相应的准备工作。入职手续办理环节，首先应该向待入职的新员工发送规范的入职通知，并将入职所需要的各类材料、相关安排以及注意事项清楚告知；在手续办理过程中，需对新员工的各类材料进行收集、建立个人档案、进行入职体检、签订劳动合同等。最后还需要结合新员工工作岗位的特点，进行入职培训，以帮助他们快速熟悉企业的管理要求，熟悉岗位的工作内容，熟悉工作的周边环境。

2. 服务协议、约定

（1）保密协议

协议当事人之间就一方告知另一方的书面或口头信息，约定不得向任何第三方披露所告知信息的协议。负有保密义务的当事人违反协议约定，将保密信息披露给第三方的，将要承担民事责任甚至刑事责任。保密协议应包括保密的内容和范围、双方的权利和义务、保密的期限、违约责任等条款。

（2）竞业限制

用人单位对负有保守用人单位商业秘密的劳动者，在劳动合同、知识产权权利归属协议或技术保密协议中约定的竞业限制条款，即劳动者在终止或解除劳动合同后的一定期限内不得再生产同类产品、经营同类业务或有其他竞争关系的用人单位任职，也不得自己生产与原单位有竞争关系的同类产品或经营同类业务。

对负有保密义务的劳动者，用人单位可以在劳动合同或者保密协议中与劳动者约定竞业限制条款，并约定在解除或者终止劳动合同后，在竞业限制期限内按月给予劳动者经济补偿。劳动者违反竞业限制约定的，应当按照约定向用人单位支付违约金。竞业限制的人员限于用人单位的高级管理人员、高级技术人员和其他负有保密义务的人员。竞业限制的范围、地域、期限由用人单位与劳动者约定，竞业限制的约定不得违反法律、法规的规定。在解除或者终止劳动合同后，前款规定的人员到与本单位生产或者经营同类产品、从事同类业务的有竞争关系的其他用人单位，或者自己开业生产或者经营同类产品、从事同类业务的竞业限制期限，不得超过两年。劳动者违反本法规定解除劳动合同，或者违反劳动合同中约定的保密义务或者竞业限制，给用人单位造成损失的，应当承担赔偿责任。

3. 入职引导

入职引导是新员工进入公司后的员工关系管理工作的起点。做好新员工的入职引导，有助于员工更快地融入企业以及工作的团队,能够促进员工与企业形成良性的互动,同时能够增加新员工对企业的认同感,对于后续员工流失率的降低、员工绩效或团队绩效的提高都有着积极的意义,也为后续员工关系管理打下良好的基础。

(1)企业管理制度介绍

企业管理制度是企业为了规范自身建设、加强企业成本控制、维护工作秩序、提高工作效率、增加公司利润、增强企业品牌影响力,通过一定的程序所制定的管理公司的依据和准则。对于新员工来说,正式进入工作岗位之前,企业必须将各项管理制度进行讲解,主要包含工作岗位制度及行政管理制度两个方面的内容。

(2)工作与生活指引

工作指引主要是从员工胜任岗位工作要求出发,对公司各项业务的开展流程及员工的个人绩效目标进行岗前说明,如公司的组织架构、各部门的权责、日常办事流程、工作绩效要求等。生活指引是为了让员工在日常工作中能够快捷、便利地获取所需的物品、信息等,如工作区域周边的生活环境、交通路线、餐饮场所等。

(3)入职心态引导

入职心态引导在帮助新员工快速认知企业与岗位的同时,也向其灌输了企业的文化和价值观,增加员工对企业的归属感,从而使员工树立良好的职业态度、职业意识、职业道德、职业行为,全身心地投入工作中去。例如,对新员工需要进行工作态度、企业内正确解决问题的渠道及方式、正确面对及克服困难、疏导疑惑等引导工作。

(二)试用期的员工关系管理

1.试用期管理

(1)试用期员工管理流程

试用期是指包括在劳动合同期限内,劳动关系还处于非正式状态,用人单位对劳动者是否合格进行考核,劳动者对用人单位是否符合自己要求也进行考核的期限。试用期管理是对试用期内员工的工作内容、绩效考核、薪酬定位等进行系统的设计、规划和控制的系列管理,其目的是引导新员工尽快融入公司的企业文化,使公司能够更多地掌握新员工的工作态度、工作能力、个人素质等,促使新员工的个人发展与公司的整体目标有效结合、新员工和公司的需求相匹配。

(2)解雇试用期新员工

我国《劳动合同法》对试用期解雇加以限制性规定,即用人单位只能依据《劳动合同法》第三十九条、第四十条规定的几种情形解雇试用期员工。用人单位要利用法律赋予的权利,用法律手段保护自己的合法权益,降低解雇试用期员工的风险和成本。

2.试用期评价

新员工试用期评价是岗位转正的重要依据。企业应该在试用期内分阶段对新员工进行评价,而不是在试用期结束后才进行评价。试用期评价一般包括工作态度、工作行为、工作业绩、岗位适应性与匹配度等几个方面,评估的主体一般是新员工的指导员、所在部门的负责人以及人力资源部相关负责人。对不同阶段的评价结果要告知新员工,同时有必要与新员工进行有效沟通,达成共识,帮助新员工对评价结果进行恰当认知,并做出工作调整和改进。

试用期评价可通过试卷考试、面谈、考核表的方式进行,具体可根据岗位性质采取一种或多种方式相结合的方法进行评价。

(三)在职阶段的员工关系管理

1. 纪律管理

(1)纪律管理的含义

纪律管理是指维持组织内部良好秩序的管理过程,也即凭借奖励和惩罚措施来纠正、塑造以及强化员工行为的管理过程;也可理解为是将组织成员的行为纳入法律的范畴,对守法者给予奖励,对违法者予以适当惩罚的管理过程。

纪律管理强调改变员工行为。根据纪律管理的功能和作用,可以将其分为预防性纪律管理和矫正性纪律管理两类。预防性纪律管理强调用积极有效的纪律方法,鼓励员工遵守劳动标准和规则,以预防违规行为的发生,目的是鼓励员工自律、积极向上。矫正性纪律管理是指当出现违规行为时,为了阻止违规行为继续发生,使员工未来的行为符合标准规范而取的管理措施,矫正性纪律管理较偏重惩戒方面,目的是改造违规者,防止类似行为的发生。

(2)奖励和惩罚

奖励和惩罚是纪律管理不可缺少的方法,奖惩是管理者对工作努力或严重违反劳动纪律的劳动者所采取的奖励或惩罚措施。奖励属于积极性的激励诱因,是对员工工作成果的肯定,旨在利用员工的进取心、荣誉感,促使其守法守纪、尽职尽责,发挥最大的潜能,奖励可以给员工带来高度的自尊、积极的情绪和满足感。惩罚则是消极的诱因,其目的是利用人的畏惧感,促使其循规蹈矩,不敢实施违法行为。

奖惩的形式可以是多种多样的,除了非正式的口头赞许与责备之外,正式的奖励措施主要有嘉奖、记功、记大功、奖金、奖状、奖牌、奖章、培训深造、表扬、晋升加薪等;惩罚的措施有批评、记过、记大过、降级、留职察看、停职、免职、追究刑事责任等。

(3)申诉

申诉是指组织成员以口头或书面等正式方式,表达对组织或企业有关事项的不满。组织建立申诉制度,可以使员工从正常途径宣泄其不满情绪,化解内部紧张关系,进而消除劳资争议。

申诉可分为个人申诉和集体申诉两种。个人申诉主要是由企业对员工个人进行惩罚引起的纠纷,通常由个人或工会的代表提出,争议的焦点是违反了集体协议中规定的个人和团体的权利,如有关资历的规定、工作规则的违反、不合理的工作分类或薪酬水平等。集体申诉主要是为了集体利益而提起的政策性申诉,通常是工会针对企业(在某些情况下,也可能是企业针对工会)违反协议条款的行为提出的申诉。

申诉的范围一般限于与工作有关的问题,凡是与工作无关的问题,通常应排除在外。一般可以通过申诉制度处理的事项主要有薪资福利、劳动条件、安全卫生、管理规章与措施、工作分配及调动、奖惩与考核、群体间的互动关系以及其他与工作相关的事件。

2. 满意度管理

员工满意度是指员工对企业的实际感受与他预期值比较形成的感觉状态,是员工对其工作、工作经历或工作环境评估的一种态度的反映。员工满意度的影响因素主要包括薪酬、工作环境、管理氛围、工作压力、个人期望、企业形象等。一般在企业组织有变动、发展情况有变化、员工工作状态有起伏、近期面临或已发生了重要突发事件、人事变动、人力资源政策调整等情况下,企业需要进行员工满意度调查。企业也可定期进行员工满意度调查,常用方法有访谈法、问卷调查法、观察法。一般来说,企业在调查员工满意度时会经常用问卷法和访谈法相结合的方法,而不单独采用一种方法。问卷调查可使用互联网电子问卷和纸质问卷两种,组织选择哪种方法取决于被调查对象。

3. 参与管理

参与管理是指在不同程度上让员工参加组织的决策过程及各级管理工作。参与管理可使员工感到企业的信任,从而感知自身利益与组织发展密切相关,从而产生强烈的责任感;也可使员工体现自己的价值,满足员工的成就感。参与管理既能对个人产生激励,又能为组织目标的实现提供保障。

(1)参与管理的影响因素

影响员工参与管理的因素有:权力、信息、知识和技能以及薪酬。权力,即提供给人们足够的用以做决策的权力,权力是多种多样的,如工作方法选择、任务分派、客户服务、员工选拔等;授予员工的权力大小可以有很大变化,从简单地让他们为管理者做出的决策输入一定的信息,到员工们集体联合起来做决策,最后到员工自己做决策。信息对决策至关重要,这些信息包括企业运作过程和结果中的数据、业务计划、竞争状况、工作方法、组织发展观念等。员工参与管理必须具有做出好的决策所要求的知识和技能,组织应提供培训和发展机会以培养和提高员工的知识与技能。薪酬能有力地吸引员工参与管理,要员工参与管理,一方面需要提供给员工内在的报酬,如自我价值与自我情感的实现;另一方面还需提供给员工外在的薪酬,如工资、晋升机会等。

(2)参与管理的主要形式

员工参与管理有多种形式,最主要的几种形式是分享决策权、代表参与、质量圈和员工股份所有制方案。

①分享决策权:下级在很大程度上分享其直接管理者的决策权,共同参与决策。当工作变得越来越复杂时,上级管理者常常无法了解员工所做的一切,因此选择最了解工作的人来参与决策,可能使决策更完善;分享决策权还可以增加对决策的承诺,如果员工参与了决策的过程,那么在决策实施过程中他们就更容易支持这项决策。

②代表参与:员工不直接参与决策,而是由一部分员工代表参与决策。员工代表参与的目的是在组织内重新分配权力,把员工利益放在同资方、股东的利益平等的地位上。

③质量圈:由员工和管理者组成的共同承担责任的一个工作群体。这个工作群体定期会面,通常一周一次,讨论技术问题及原因,提出解决建议以及实施解决措施。质量圈还包含了对参与的员工进行质量测定与分析策略、群体沟通技巧等方面的培训。

④员工股份所有制方案:让员工拥有所在企业一定数额的股份,使员工一方面将自己的利益与企业的利益联系在一起,另一方面在心理上体验做主人翁的感受。员工股份所有制方案能够提高员工工作的满意度,提高工作绩效水平。员工除了持有企业的股份,还需要定期被告知企业的经营状况并拥有对企业的经营施加影响的机会。

(3)参与管理的途径

员工参与管理的途径是多种多样的,各个国家都有一些适合本国国情和地方特色的路径。我国员工参与企业管理的主要途径有:国有企业的职工代表大会制度、企业管理委员会;公司制企业的职工董事、监事制度;员工持股制度。

4.冲突管理

冲突是个人或群体在实现目标的过程中,受到挫折时的社会心理现象,即一方感到另一方损害了或打算损害自己的利益时所进行的一个过程。冲突的主体可以是个人、群体或组织,冲突的客体包括利益、权力、资源、目标、方法、意见等。冲突是一个过程,它是在不同主体之间相互交往、相互作用的过程中发展起来的,反映了不同主体的背景和需求。

5.危机管理

危机管理指企业为避免或减轻危机所带来的严重损害和威胁,有组织、有计划地制定和实施一系列管理措施和应对策略的动态过程。企业的员工危机主要是指人才频繁流失所造成的危机,尤其是企业核心员工的离职,会因为暂时没有合适的人选来替补而给企业带来损失和危机。

危机管理可分为三个阶段:危机预防、危机处理和危机事后管理。危机预防是员工危机管理的关键,危机管理要求企业在员工危机爆发前事先建立危机处理机制,制定相应的危机处理计划,实施危机预警分析和调控,努力将危机消灭在萌芽状态。如果员工危机已经爆发,企业要迅速进入危机处理阶段,启动危机处理程序,实施各种危机控制方案。员工危机平息后,企业还必须对员工危机进行评估和总结,进行危机事后管理。

6.劳资谈判

劳资谈判是针对工作报酬、工作时间及其他雇用条件,雇主和员工代表在适当时间以坦诚态度进行的谈判。劳资谈判所生成的文件被称为"劳动协议"或"合同",主要内容包括认可资方权利、工会保障、报酬和福利、处理申诉的程序、员工保障和与工作有关的因素,它规定了一定时期内员工和雇主的关系。通过劳资谈判,基本上可以确定劳资双方的关系。劳资谈判一般要经历分析内外部环境、准备谈判、谈判问题、克服困难、谈判破裂或达成协议、签署和批准协议、执行协议等流程。

第八章　多维视角下企业的核心人才与企业文化管理

第一节　企业的核心人才管理

一、人才管理概述

现代企业管理的重点从对物的管理转到对人的管理是企业创新管理的一个重要趋势,人既是管理的手段,又是管理的内容;既是管理的对象和客体,又是管理的主体和动力。现代企业管理的创新,科学管理体制的创立,归根到底要靠一大批搞活大中型企业的将才、帅才来实现。因此,加强人才管理是企业管理创新的核心。

(一)人才管理含义

人才管理这一概念出现于20世纪90年代,许多企业用来招募、发展和保留人才,通过人才来驱动公司的业绩。人才管理活动的类别:招聘、保留、发展、领导力开发、绩效管理、雇员反馈/测量、人才规划与文化。人才管理囊括了六个人力资源服务:聘用与安置、领导力发展、继任、绩效管理、培训和教育以及保留。人才管理是发挥员工价值的一套流程,人才管理的定义的核心议题就变成了"吸引、聘任、培养和保留人才"。

人才管理是指对影响人才发挥作用的内在因素和外在因素进行计划、组织、协调和控制的一系列活动。人才管理的目的是创造良好的外部条件,调动人才的内在因素,最大限度地发挥人的才能,充分开发人才的潜在能力,力求使"人尽其才,才尽其用"。人才管理是人才效能、人才实力的重要影响因素,是人才开发的必要条件。

(二)人才管理对管理实践的影响

1.对人力资源管理理念的影响

人才即企业的核心人力资源。要想实现对核心人力资源的有效管理,人力资源管理必须贯彻以下理念:

(1)绩效的"二八原则",即公司80%的绩效是由公司20%左右的核心员工创造的,因而在绩效考核的时候要注重核心员工的战略性贡献。

(2)对核心人员的管理是企业的战略性管理。企业的可持续发展最终取决于企业的核心员工,因而对核心员工管理就是企业的战略性管理。

（3）坚持公平、公正的原则，切忌"特殊化"。这里所说的公平、公正主要是指企业规则、规章制度适用的公平、公正，员工之间人格的公平、公正。对核心员工的管理是在上述公平、公正原则基础上的，否则一旦失去这个基础，企业内部就会出现不公平感，内耗增大，企业的管理不可能有效率。

2. 对人力资源规划的影响

传统人力资源规划主要包括三大方面：数量规划、素质规划、结构规划。基于人才的人力资源管理要求人力资源规划必须以企业核心人力资源的实现为基础与核心，具体而言就是：

（1）识别企业的核心能力与核心人力资源。

（2）盘点企业当前核心人力资源状况。

（3）根据企业战略明确未来核心人力资源需求，并确定缺口。

（4）在上述基础上，以满足企业核心人力资源缺口为核心来开展企业人力资源规划。

3. 对绩效设计的影响

对绩效考核的影响主要体现在以下两个方面：

（1）在考核指标的选取上注重与企业战略高度相关的指标，突出核心员工对企业的战略性价值贡献。

（2）在考核结果的应用上，注重绩效反馈，查找绩效不良的原因，其根本目的在于提升员工的能力。

4. 对薪酬设计的影响

（1）重视外部薪酬调查，确保核心员工工资具有外部竞争力。核心员工是企业的战略性资源，因而在薪酬设计方面必须确保其外部竞争力，避免核心员工流失。

（2）薪酬设计要体现为知识、能力、经验付酬。知识、能力、经验等是核心员工的共同特征，在薪酬体系设计中要突出对核心员工的重视。

（3）配套措施，如股权激励、高级福利等，要从多角度、多种方式出发，确保有效留住企业的核心员工。

5. 对培训的影响

企业的核心能力不是一成不变的，要想长久保有企业的核心优势，必须通过不断地培训以提升核心员工的能力，主要通过以下两个途径展开：持续的在岗培训和基于公司业务特点的特殊培训。

二、核心能力

企业的核心能力来源于企业内部所拥有的知识、技术、关系和流程，而这四个要素同时存在于企业内部的人员和系统之中，通过人员与系统的整合，形成企业的人力资本、社会资本和组织资本,从而成为企业核心能力的源泉。

企业的核心能力是能给消费者带来特殊利益和价值的一系列知识、技术和技能的组合。因此,要培育核心能力,就要将整合企业内部的知识与提高企业为客户创造价值的能力相结合。在此基础上,针对不同类型的人力资源,可开发分层、分类的人力资源管理系统,通过三种机制来实现对企业核心能力的支撑。

(1)通过形成人力资本、社会资本和组织资本的存量来支撑企业的核心能力,即通过战略人力资源管理实践,可以使企业内部人员与系统有机整合,从而促进企业内部核心人力资本的形成,并结合企业的社会资本和组织资本,共同形成具有价值有效性、稀缺性、难以模仿性和组织化特征的智力资本,最终支撑企业的核心、能力和竞争优势。

(2)通过促进企业内部的知识流动来支撑企业内部的知识管理,从而支撑企业的核心能力,即通过上述分层分类的战略人力资源管理实践,可以促进企业内部的知识管理,使知识得以有效地整合、转化、创新,从而帮助企业尤其是知识创新型企业提高其核心能力。

(3)通过战略能力的变革来支撑企业的核心能力,即通过战略人力资源管理实践提升企业适应市场变革和创造市场变革的运作能力,进而提升企业知识系统把握市场机会、为消费者创造价值的能力,从而对企业核心能力给予支持。

上述三个方面存在的内在关系:学习与创新、适应市场的战略能力是形成企业核心能力的两个支柱,这两个支柱又是通过人力资本、社会资本和组织资本的整合而形成的。因此,通过人力资源管理实践形成企业的核心人力资本,是战略人力资源管理系统支撑企业核心能力的关键。

(三)企业应对核心人才的策略

1. 优化人才配置

所谓优化配置,简单来说是让合适的人在合适的岗位上有效工作。为求得人与事的优化组合,人员配备应遵循因事择人、因才使用、动态平衡的原则,做到用当其长,发挥最佳才能;用当其位,放在最佳位置;用当其时,珍惜最佳时期。一方面,根据岗位的要求,选择具备相应的知识与能力的人员到合适的岗位,以使工作卓有成效地完成;另一方面,要根据人的不同特点来安排工作,以使人的潜能得到最充分的发挥。简言之,人才资源配置力图同时使工作的效率、人才资源开发、个人满意度这三个变量都得到最大限度的匹配。这就要求分析人才的职业经历、个性特点、年龄结构、身体状况、文化层次等,进行合理的调整组合,发挥协同效应,实现最佳匹配。

(1)人才与企业的匹配

企业通过提高与人才资源的匹配度,有效地挖掘潜力,提高人才资源使用效率。人才与企业匹配模型的要点包括:①匹配的焦点是价值观一致。价值观是企业对人才要求的理想态度和行为标准。例如,诚实、正直、成就感、关注顾客等。②匹配内容还包括新工作职责、工作多样性、未来的工作。企业希望任用那些可能完成新职责的人,以减少雇用额外员工的费用；企业也期望雇用能够从事多样性工作的新员工。对未来的工作，企业和个人需要思考长远的匹配、调换和晋升过程。③考察人才与企业匹配对员工工作态度的影响。人才与企业的匹配还会影响人才的工作态度，一般体现在满意度、缺勤率、离职率等方面。研究表明，人才与企业的匹配会影响人才的组织认同、组织公民行为和离职意向。

（2）完善配置机制

科学配置人才资源，给予其合理报酬，为其提供深造机会和从其他方面关心他们，是企业管理的重要职能。如何做好人员配置是一项长期、复杂、有计划的系统工程，公司不同发展阶段的变化，时间推移的影响，人才胜任工作的情况也会发生相应的变化。人才配置的职能在于知人善任，在于培养人，使适当的人从事适当的工作。

人才配置应晋升最优秀的人才，给予他们发展机会，同时淘汰表现差的干部。因此，人员配置一般有人员的晋升、淘汰与轮换三种重要影响的机制。三者并行，可帮助提高企业人才队伍的整体能力素质水平。但是，如果一个环节出现问题，做得不好，将会影响全局。

2. 挖掘高潜能人才

在过去，组织结构、战略，甚至市场都相对静止，人们几乎在一个组织中度过了全部的职业生涯，并最终被推向领导角色。现在企业要获得成功，不仅要求企业中所有员工有适应不同环境的能力，而且要有极强的主动性。企业相当重视人才的挖掘与培养，老板们非常乐意在那些有能力引领企业迈向未来的人才身上投入更多关注与精力。

（1）高潜能人才界定

对高潜能人才的界定，不同企业的定义或有不同，有些甚至没有正式区分高潜能人才和普通员工。研究显示，企业往往用以下标准选出最优秀的3%～5%的人才：在各种场合和环境中的表现，总是显著地优于同事；在取得优异表现的同时，他们的行为也堪称典范，体现了公司文化和价值观；他们显示出在公司职业道路上成长、发展并取得成功的卓越能力，且比他们的同事成长得更快、更强。

（2）高潜能人才的特质

发现未来的潜力人才需要回答两个问题：这样的人才能运营什么级别的部门（公司）；这些人是否具有能使他们在未来角色中成功的复合素质。高潜质人才需要有三个重要特质：

第一个特质是自信和自我意识。他们能否挑战更高的目标？他们是否了解自己的强项和弱项？他们通过建立新项目来挑战自己，尽管阻碍很多，但是能在挑战中获得成长。

第二个特质是能够客观地评价他人的强项和弱项。领导人才应该避免快速判断他人并迅速做出反应。要想善于挑选合适的人选为其工作，就要做到并不急于对他人做出判断。相反，要花时间来判断他人的强项和弱项，及如何与自己和团队进行互补。

第三个特质是情绪韧性，能够通过公平的方式来应对高压的环境。每天长时间工作，但是确保自己不在新环境里产生挫败感，这里的关键是能够平衡和坚持。高潜质的人才最起码需要三个特质中的两个来使自己持续、积极地获得绩效。

具有三个高水平个性特质的高潜质人才能够将这些特质整合为自己的人格。比如，自信不是在接受挑战时展现出来，而是在面临艰难决策时通过直觉显示出来的自信态度。随着时间的增长，人才对自己更加了解，能够更好地整合自己的判断和行为。尽管周围环境的节奏越来越快，压力越来越大，但他们更加客观，在艰难情况下表现出良好的适应性。

（3）高潜能人才取决于内在素质

作为企业的一员，他所做的一切都无可挑剔，创造了价值，早早取得了良好的成绩；面对日益复杂的诸多挑战，掌握了新的知识和技能；恪守公司的文化和价值观；自信溢于言表，也赢得了他人的尊敬。

3. 培养核心人才

企业要培养核心人才，必须建立核心人才培育机制。使人才成为企业核心竞争力最重要的手段。核心人才队伍培养不是一朝一夕之事，是一个长期、系统的工程，需要一套完善的机制来保证。核心人才的培养要注意以下四个要素。

（1）多元培育

核心人才是企业的骨干力量，必须注重才华的专业性和能力综合性兼具。因此，多元化培育方式能提高核心人才的综合能力，高等院校、科研院所、企业都是多元培育核心人才的主体，多元培育的方式有：内部导师制、内部岗位轮换、内部技能比武及送出去的方式（如出国深造、高校进修、短期封闭训练等）。

（2）完善计划

根据企业经营所需，对核心人才的培育要建立详细的培育计划。列明培育的重点、方向、内容、对象、培育方式、激励方式、效果评估，确保核心人才的培养有章可循。

（3）资源投入

企业核心人才队伍建设培养是企业投资回报率最高的项目，需要企业持续投入。因此，有必要建立相关制度保障机制，确保资源投入持续性。

（4）体系保障

要使企业核心人才能力不断提升，人才队伍保持梯级发展，必须建立培养体系。要建立四大机制：核心人才评价机制、培养机制、激励机制、使用机制。使企业内部形成核心人才你追我赶，百花齐放，互帮、互学、互励的良好正向局面。

4. 激励核心人才

过去，薪酬工作的重心围绕着金钱的激励展开，包括基本薪资、短期和长期的浮动报酬、一些健康保障费用和安全保障费用。随着非现金激励价值的增强，加上人力市场的竞争激烈，企业普遍地在给员工的"整体激励"包中加入非现金激励因素。

（1）实现整体激励

一个精心设计的激励计划需要最先着力于形成一个完整的激励策略。这个策略与组织的商业策略和人才战略相关,目的就是支撑它们。同等重要的是,激励计划还需要让员工对企业的敬业度达到最高。此外,在对激励计划的调整中,需要谨慎控制和充分沟通,确保大家充分理解调整的理由和调整所隐含的意义。

"整体激励"的概念已经超越了这些有形因素,它还包含无形的因素,这些因素更难被看到、难以触摸,但它对员工的敬业度和满意度有非常真实的影响,有助于吸引和保留关键员工。激励的操作定义是"组织所提供的、员工认为对自己有价值的任何东西"。因此,本着激励核心人才的精神,企业必须注意利用所有可用方式来将所能提供的和想传递的信息尽可能地展现出来。

(2)促使员工具有高敬业度

不论是在经济繁荣时期或经济萧条时期,保留核心人才都是一件非常重要的事情。因为他们对于企业成功和保持竞争优势都很重要。很多企业都会最先到薪酬中寻找答案。尽管更高薪水的诱惑可能会让员工离开企业的决心更坚定,但通常来讲,对工资的不满并不是导致员工考虑跳槽的原因。为了留住和激励人才,企业应该致力于增强员工的敬业度,并完善相关体系,为员工的成功提供更好的支持。

敬业度是指员工和企业之间的心理契约(比如,他们向朋友和家人介绍企业的意愿,他们是否以在企业中工作而骄傲,以及他们继续留在企业中作为其中一分子的意向)。但同时它还包括员工的自发努力——他们为企业付出额外努力的意愿。由于企业需要花更少的钱做更多的事,并争取更大效益,开发利用员工自发努力就更必不可少。在快速变化的环境下,人员的职责和作用都在持续不断地变化,企业必然要依靠员工的自觉行动,且行动方式和企业的文化、目标、价值观相一致。

(3)应用长期激励留住核心人才

为了吸引和留任核心人才,企业必须了解他们的需求,提供适当的激励组合来保证这些绩优人员受到企业的重视并使其对企业忠诚。在这个过程中,给关键人才提供适当的经济激励是必不可少的组成部分。如果设计合理,长期激励能在促进留任和提升核心人员对所处企业的兴趣方面发挥重大作用。

第二节 积极构建企业文化

一、企业文化建设的定义与目标

(一)企业文化建设的定义

所谓企业文化建设,是指企业所进行的一种有目的、有计划的培育具有自己特色的企业文化的活动和过程。具体来说,就是挖掘、提炼一套符合企业实际、有利于企业生存和发展的价值观系统,并在企业内部用各种行之有效的途径和方法,使这一系统得到全体人员或大多数员工的认同和接受,形成企业共有的价值观,乃至逐渐沉淀为全体或大多数员工的心理习惯和整个企业共同的价值判断标准、行为准则,即形成全体员工共同的积极向上的做人做事的原则和方式,充分发挥每个员工工作的主动性、积极性和创造性,形成团队精神。

通常情况下,人们常常将企业文化建设与企业文化塑造、企业文化培育等几个概念等同起来使用。为了准确把握企业文化建设的概念,必须注意下列三组概念的区别,即企业文化与企业文化建设、企业文化建设与企业文化积淀、企业文化建设与企业文化变革(或称企业文化创新)的区别。

1. 企业文化与企业文化建设的区别

企业文化是一种客观现象,而企业文化建设则是一种自觉行为。企业文化是企业全体人员共同认同的价值观念和自觉遵循的行为准则的总和。它虽然是无形的、看不见摸不着的,但却是企业中客观存在的一种软性要素,比如,企业人员的心理习惯、思维方式、行为方式及企业传统等。它体现于企业人员的言行中,体现于企业的氛围中。企业文化作为企业组织中存在的一种客观现象,是任何企业都有的,但企业文化建设作为一种自觉行为,不是任何企业都有的。企业文化建设的目的是要塑造和培育企业文化,这种自觉的行为决策往往是建立在对企业文化的功能有比较充分的认识和理解的基础上的。没有文化自觉的企业,不可能进行企业文化建设活动。

2. 企业文化建设与企业文化积淀的区别

企业文化积淀是一种内生式的文化形成和发展的过程。先有实践活动(成功经验),然后才有理性认识和精神升华,这是价值观形成的自然过程。

而企业文化建设则往往主要是从愿望出发创建价值观念系统,然后导入和宣传这套价值观念系统,使之内化于心,固化于制,外化于形。与企业文化积淀的内生式特点不同,企业文化建设的特点是导入式的,它更侧重于从理想状态中总结出价值系统,为企业员工提供一个理想境界和规范框架。当然这种导入也是以挖掘和提炼企业原有的文化基因为基础的。

3. 企业文化建设与企业文化变革的区别

一般情况下,人们常把这两个概念等同起来使用,不会刻意地区别两者的不同。但严格地说,这两者是有区别的。企业文化建设着重强调企业文化的"立",而企业文化变革则强调企业文化的"先破后立"。企业文化建设的目的在于使企业文化由模糊到清晰、由分散到统一、由自发到自觉、由弱势到强势。其实质就是培育企业的主导文化,并促进这一主导文化的"化人"功能——教育与塑造员工。而企业文化变革则是打破原有的企业文化结构并建立新文化的过程,是一个更复杂、更艰难的先破后立的过程,包括解冻、改变、再冻结三个步骤。

(二)企业文化建设的目标

企业文化建设是一项系统工程,在进行企业文化建设时,必须着眼于未来,立足于企业战略，顺应企业的发展趋势。同时，必须把企业文化建设作为整合企业资源、全面提高企业整体素质的重要手段。

企业文化建设的目标必须根据企业的历史、企业面临的现实环境、企业的发展战略等确定，保证企业文化建设的目标与企业的战略目标相一致，并通过实现企业文化建设的目标来促进企业的发展。企业文化建设的总体目标是：培育先进文化、提升员工素质、内强企业灵魂、外塑企业形象。企业文化建设不仅要有总体目标，而且在相应阶段还应有阶段性的具体目标。这样在开展企业文化建设时，就可以目标明确、稳步推进、层层深入、收效良好。

二、企业文化建设的原则

（一）兼容原则

企业文化是一种亚文化，其建立在时代文化、世界文化、民族文化、同业文化、自我文化等的基础上，并吸收优秀基因作为文化建设的依托。

1. 民族文化

民族文化是一个国家在长期的历史发展过程中逐步建立起来的，对社会交往有着强大的渗透力和影响力。民族文化是企业文化建设的土壤，企业文化在一定程度上应当是民族文化在企业内的综合反映。一个优秀的企业在建立自己的企业文化时，总是十分注重充分利用自己民族的优秀文化元素。中华民族传统文化的精华部分不仅可以与市场经济相容，而且能够成为现代企业文化的深厚基础。世界各地的华人企业家经过几代人的努力，在世界范围内已经形成了一个跨国家、跨行业的华人经济圈。

2. 世界文化

企业文化建设必须从优秀的世界文化中吸取营养，应当具有国际视野和战略眼光。在知识化、信息化引领的世界发展全球化背景下，企业无法脱离世界而单独存在，任何企业都是世界的组成部分，企业的发展离不开世界的发展。同时，企业文化和世界文化是相互影响、相互促进、密不可分的。一个志在与世界接轨的企业必须和世界文化保持紧密联系，暂时没有直接和世界经济接轨的企业也会间接或直接地受到世界文化的影响。此外，由于除意识形态以外，相同的文化形态在世界范围内具有同构性，因此，与世界同步是企业文化建设的必然要求。

3. 时代文化

时代文化是企业文化产生和存在的一个重要前提。它对企业文化有着根本的影响。不同时代都有属于自己的特有文化，企业在进行文化建设时不可避免地会打上时代的烙印，优秀的企业文化是对所处时代的客观反映和真实体现。相反，也只有正确反映时代的企业文化，才能正确地指导企业的经营活动，引导企业与时俱进地向前发展。

（二）"以人为本"原则

所谓"以人为本"是指在管理过程中以人为出发点和中心，围绕着激发和调动人的主动性、积极性、创造性展开的,以实现人与企业共同发展的一系列管理活动。具体而言就是尊重人、相信人、激励人,使人能动地发挥其无限的创造力。坚持"以人为本"的管理,主要是要坚持以下三项基本原则。

1. 重视人的需要,将企业管理的重心转移到如何做人的工作上来

坚持以人为本的管理思想,是公司管理实践者必须遵循的一条客观规律。企业管理的基础是员工,必须依靠和信任广大员工的智慧和力量,把有效的管理建立在员工群众积极参与管理、自觉服从管理的基础之上,使员工管理产生最大效能。在公司建设中,必须充分尊重员工的主体地位和创造精神,心系员工、情系员工,切实维护员工权益;坚持以人为本的管理理念,充分认识员工在公司发展建设中的基础地位,理解思想和行为的辩证关系,使深入细致的思想教育与科学严格的管理相结合,管好思想、引导行为。

2. 以鼓励员工为主,使人的积极性和聪明才智得到最大限度的发挥

员工管理是企业建设的基础,员工是企业建设的直接参与者。利用员工上进心强的优点,引导他们增强自主管理意识;利用员工参与意识强的优点,引导他们争做公司的主人;利用青年员工思想解放、较少禁锢的优点,引导他们争当管理改革的先锋。积极适应形式的发展变化,不断拓宽员工参与的渠道,充分尊重员工的民主管理权利和创造愿望,切实营造集思广益的民主氛围。鼓励员工讲出不同意见,做到事事有回应,件件有着落,调动员工参与管理的积极性,使每一个员工都处于自动运转的主动状态,激励员工奋发向上、励精图治的精神。

3. 尊重员工的权益,切实处理好管理者与员工之间的关系

确保员工在企业管理中的主体地位,充分调动员工的工作积极性,将蕴藏在员工中的聪明才智充分地挖掘出来。为此,应该做到以下三点:第一,必须进一步完善民主管理制度,保障员工的民主权益,使员工能够广泛地参与企业的各种管理活动。第二,改变压制型的管理方式。变高度集权式的管理为集权与分权相结合的管理;变善于使用行政手段进行管理为多为下级提供帮助和服务的管理;变自上而下的层层监督为员工的自我监督和自我控制。第三,为员工创造良好的工作环境和发挥个人才能、实现个人抱负的条件、完善人才选拔、晋升、培养制度和激励机制,帮助员工进行个人职业生涯的设计,满足员工物质和精神方面的各种需求。

(三)共识原则

所谓"共识",是指共同的价值判断。这是企业文化建设的核心所在。其原因主要有两点。一是,企业文化的核心是精神文化,尤其是价值观。每一个员工都有其价值观,如果达不成共识,企业就可能成为一盘散沙,也就不能形成合力;如果达成共识,企业就会产生凝聚力。二是,当今的企业所面临的内外环境异常复杂且瞬息万变,其内外因素又非常复杂,必须强调共识、全员参与、集思广益,使决策与管理都建立在全员智慧与经验的基础上,才能实现最合理的决策与管理。

1. 发展文化网络

企业文化的形成过程,就是企业成员对企业所倡导的价值标准不断认同、内化和自觉实践的过程。而要加速这一过程,就需要发展文化网络,通过正式的或非正式的、表层的或深层的、大范围的或小范围的各种网络系统,传递企业所倡导的价值观以及反映这种价值观的各种趣闻、故事、习俗、习惯等,达到信息共享,以利于达成共识。

2. 拓宽沟通渠道

企业倡导的价值观只有转化为普通员工的信念,才能成为企业实际的价值观;否则,它不仅对企业没有任何裨益,而且会扭曲乃至损伤企业的形象。企业价值观转化为全体成员的信念的过程,就是让员工接受并能够自觉实施价值观的过程。企业家或企业的管理者要以身作则、言行一致、恪守自己所提倡的价值观。企业管理者应在日常经营中不断地向员工灌输企业的价值观,详细地对员工说明企业的行为准则,通过向企业员工灌输价值观,使员工对企业价值观产生内心的共鸣、达成共识,把企业价值观转化为内心的信念。

3. 建立参与型的管理文化

企业在管理过程中,要逐渐摒弃传统的管理文化,打破权力至上的观念,实行企业必要的分权体制和授权机制,充分体现群体意识,促进企业共识文化的真正形成。

(四)创新原则

创新,简单地说就是利用已存在的自然资源或社会要素创造新的矛盾共同体的人类行为,或者可以认为是对旧有的一切所进行的替代、覆盖。创新是以新思维、新发明和新描述为特征的一种概念化的过程。创新一词有三层含义:一是更新;二是创造新的东西;三是改变。创新是人类特有的认识能力和实践能力,是人类主观能动性的高级表现形式,是推动民族进步和社会发展的不竭动力。企业文化在发展过程中,不可避免地遭遇着新文化与旧文化、组织文化与个人文化、企业主文化与亚文化之间的冲突。这就导致企业文化的建设不可能一蹴而就,只有不断创新发展,对企业文化进行整合,才能保证企业的长远发展。

企业文化创新要以对传统企业文化的批判为前提,对构成企业文化的各种要素(包括经营理念、企业宗旨、管理制度、经营流程、仪式、语言等)进行全方位、系统性的弘扬、重建或重新表述,使之与企业的生产力发展步伐和外部环境变化相适应。

1. 领导者担当企业文化创新的领头人

从某种意义上来说,企业文化是企业家的文化,是企业家的人格化,是其事业心和责任感、人生追求、价值取向、创新精神等的综合反映。他们必须通过自己的行动向全体成员灌输企业的价值观念。企业文化创新的前提是企业经营管理者观念的转变。因此,进行企业文化创新,企业经营管理者必须转变观念,提高素质。

2. 企业文化创新与人力资源开发相结合

人力资源开发在企业文化的推广中有不可替代的作用。全员培训是推动企业文化变革的根本手段。企业文化对企业的推动作用得以实现,关键在于全体员工的理解认同与身体力行。因此，在企业文化变革的过程中，必须注重培训计划的设计和实施，督促全体员工接受培训和学习。通过专门培训，可以增进员工对企业文化的认识和理解，增强员工参与的积极性，使新的企业文化能够在员工接受的基础上顺利推进，除了正式或非正式的培训活动外，还可以利用会议以及其他各种舆论工具（如企业内部刊物、标语、板报等）大力宣传企业的价值观，使员工时刻都处于充满企业价值观的氛围之中。

3. 建立学习型组织是企业文化创新的保证

企业之间的竞争是人才的竞争，实际上应该是学习能力的竞争。如果说企业文化是核心竞争力，那么其中的关键是企业的学习能力，建立学习型组织和业务流程再造，是当今最前沿的管理理念。知识经济、知识资本成为企业成长的关键性资源，企业文化作为企业的核心竞争力的根基将受到前所未有的重视。成功的企业是学习型组织，学习越来越成为企业生命力的源泉。企业要生存与发展，要提高企业的核心竞争力，就必须强化知识管理，从根本上提高企业的综合素质。

三、企业文化建设的内容

（一）企业物质文化建设

随着人们物质生活水平的不断提高，企业物质文化建设的内涵也必须适应新世纪人们的心理审美变化。在环境建设上，创造安全、环保、文明、优美的企业环境；在品牌塑造上，多层次、全方位满足顾客的需求，塑造敬业、周到、亲和的服务形象，拥有较高的知名度和美誉度；在企业效益上，经营业绩稳步增长，职工生活水平逐年提高，实现良好的经济效益和社会效益，形成较强的核心竞争力。企业物质文化建设应当遵循品质文化原则、技术审美原则、顾客愉悦原则、优化组合原则和环境保护原则。

1. 品质文化原则

品质文化原则，即强调企业产品的质量。产品的竞争首先是质量的竞争，质量是企业的生命，持续稳定的优质产品是维系企业商誉和品牌的根本保证。

2. 技术审美原则

现代产品都是科技与美学相结合的成果。任何一件技术产品，其存在的唯一根据就是具备效用性和审美性的统一。从这个意义上来说，品牌文化与产品美学是相互渗透、相互融合的。技术美学原理不仅要贯彻到产品的设计与制造之中，而且还要贯彻到企业环境的总体设计、企业建筑设计、门面设计等方面。企业不仅是在制造产品与提供服务，而且还是在创造一种"情境"。企业通过把产品、商店和广告作为信息提供给消费者，也就是给消费者带来新的生活"情境"。企业要善于调动消费者的各种知觉能力。企业如果能全面调动起消费者的听觉、触觉、动觉、嗅觉、味觉，那么，情境的空间即由单一的知觉空间变为"复合知觉空间"。

3. 顾客愉悦原则

品牌物质文化的建设要有助于增进消费者愉快的情绪体验，而这种情绪体验的强弱取决于品牌能否满足,以及在多大程度上满足消费者的各种心理需求,如追求时尚流行、便利高效、舒适享受、显示地位、威望、突出个性特征等。消费者买到了称心如意的商品,受到了热情周到的服务,这时的情绪体验就是愉快的。比如,消费者购物时,宽敞明亮的大厅,琳琅满目、漂亮、高质量、高品位的商品,营业人员不俗的仪表、优雅的谈吐和热情周到的服务等,都能引起消费者良好的心境、愉快的情绪体验,使消费者产生良好的第一印象,从而产生惠顾心理。

在品牌物质文化的建设过程中,企业通过产品、商店和广告等途径,在企业与消费者之间构造一种愉快关系的场合,一切营销活动不过是构造愉快关系场合的中介。从企业文化的视野来看,产品不仅意味着一个特质实体,而且还意味着顾客购买他所希望的产品所包含的使用价值、审美价值、心理需求等一系列利益的满足。具体来说,顾客愉悦应当包括品质满意、价格满意、态度满意和时间满意。

4. 优化组合原则

企业物质条件的存在与组合包含着一定的客观规律,对这些规律的认识、把握和提炼就成为品牌物质文化的一部分。进行品牌物质文化建设必须遵从这些规律,实现对各种自然资源的科学配置和合理利用。如果违背其中的客观规律,非但不能建设优良的物质文化,还会使物质条件显得不协调、不美观,有时还会造成资源浪费,甚至出现各种事故。

5. 环境保护原则

企业的生产经营要有利于保护人类赖以生存的自然环境,维持生态平衡,减少和避免对自然资源的过度消耗与浪费,实现永续发展。随着世界环保运动的兴起,企业的环保意识日益增强。有的企业已把保护自然资源和生态环境视为己任,只生产无公害、无污染、不含添加剂、包装易处理的绿色商品,尽量减少和禁止污染物的排放。一个过度消耗资源与破坏环境的企业,不会在消费者心中有良好的口碑,因为品牌物质文化必然包含着有利于人类自身健康与发展的文化。

(二)企业行为文化建设

企业在塑造自己的行为文化时,必须建立企业行为的规范、企业人际关系的规范、企业公共策划的规范。

1. 企业行为的规范

在企业运营过程中,企业家的行为、企业模范人物的行为以及企业全体员工的行为都应有一定的规范。在规范的制定和对规范的履行中,就会形成一定的企业行为文化。例如,在企业管理行为中,会产生企业的社会责任、企业对消费者的责任、企业对内部成员的责任、企业经营者同企业所有者之间的责任、企业在各种具体经营中所必须承担的责任等问题。承担这些责任就必须有一定的行为规范加以保证。

2. 企业人际关系的规范

企业人际关系规范的推行是一场意识革命,也是全新价值的创造,它分为对内关系和对外关系两大部分。

(1)对内关系

企业员工的一举一动、一言一行都体现着企业的整体素质。企业内部没有良好的员工行为,就不可能有良好的企业形象。如果员工行为不端,纪律散漫,态度不好,将给企业形象带来严重的损害。

将企业的理念、价值观贯彻到企业的日常运作、员工行为中最重要的就是确立和通过管理机制实施这些规范。从人际行为、语言规范到个人仪表、穿着,从上班时间到下班都严格按照这些规范行事。要做到这一点,在很大程度上依赖于有效的培训,通过反复演示、反复练习,从规矩的学习演变到自觉的行为。培训的目的在于使广大员工自觉地接受这套行为规范,并不折不扣地贯彻到日常工作中。培训的方法有以下几种:①讨论与座谈;②演讲与模范报告;③实地观摩与示范演练;④在实际工作中纠正不符合规范的行为偏差,边检查,边纠正;⑤重复性演示与比赛。

(2)对外关系

对外关系主要是指企业面对不同的社会阶层、市场环境、国家机关、文化传播机构、主管部门、消费者、经销者、股东、金融机构、同行竞争者等方面所形成的关系。其中,处理好与同行竞争者的关系十分重要。企业应联谊竞争对手,在竞争中联合,在联合中共同发展,在竞争中共同发展,任何企业不仅要面对竞争,而且要勇于竞争,要在竞争中树立自己的良好形象。每个企业都应当争取在竞争的环境中广交朋友,谋求公众的支持与合作,最终使企业获得经济效益与社会效益的双丰收。竞争是社会发展和进步的源泉,竞争无所不在、无所不有,竞争的表现形式也是多种多样的。

(三)企业制度文化建设

企业制度作为职工行为规范的模式,使个人的活动得以合理进行,内外人际关系得以协调,员工的共同利益受到保护,从而使企业有序地组织起来为实现企业目标而努力。企业家将企业文化制度化,通过制度的方式来统率员工的思想。通过建立科学的领导体制、精干高效的组织机构、完善的经营管理制度、科学、实用的企业决策机制和人力资源开发机制,有力地约束企业和员工的行为,保证企业目标的实现。由于不同企业的工作性质、工作任务、服务对象不同,各项规章制度的要求也就不同,但是在制定企业的各项规章制度时,有几个共同原则必须把握好。

1. 把握效率原则

企业是一个追求效益最大化的经济实体,企业的目的就是要创造更多的经济效益,实现持续、快速、健康的发展。建立各项规章制度与促进企业发展并不矛盾,并且它还是提高经济效益的重要生产要素,增强市场竞争力的有效手段,促进企业生存发展的重要方法。这就要求在建立企业的各项规章制度时要遵循"效率优先"的原则,着重处理好三个关系。一是处理好竞争与服务的关系。在生产优质产品的同时,必须提供优质的服务,创造良好的信誉,才能在竞争中掌握主动权,才能赢得市场。二是处理好个人与企业的关系。要把职工热爱岗位、勤学技术作为良好职业道德的主要标准,培养敬业爱岗、遵纪守法、钻研业务、讲求效率、成才奉献的良好品质,在企业生产经营中多做贡献。三是处理好企业与社会的关系。要求职工切实履行职业责任,做到诚实守信、注重行业信誉、服务群众、奉献社会、尽量满足服务对象的要求。

2. 把握公平原则

公平是市场竞争的基本要求,WTO基本规则突出体现的就是公平、公正、公开的原则。如果不解决好公平的问题,企业所有成员在机会面前就难以体现平等,合理利益就难以保证,职工与职工之间、企业与企业之间就难以在一条起跑线上竞争。体现公平的原则要做到以下三点。一是人人都要遵守企业的各项规章制度。要求每一名员工都要自觉遵守,尤其是领导干部要发挥带头作用,要求职工做到的,自己要带头做到;要求职工不做的,首先做到自己不做。再就是对违反规范的人,不管是谁,都要严格处理,保持规范的严肃性。二是竞争要体现公平。企业的全体员工在机会面前应该平等,特别是涉及竞争上岗、利益分配等问题,一定要严格按制度办事。三是实行厂务公开。对企业改革发展中的重大决策、涉及职工切身利益的重大问题以及党风廉政建设情况,要向职工公开,让职工知情,充分体现民主管理、民主监督。

3. 把握诚信原则

诚信是做人之本,也是立企之本。诚信是道德规范的基石,是个人与个人之间、个人与社会之间相互关系的基础性道德要求。从法治的角度来讲,企业在市场中对盈利的追求需要法规的规范和约束;从德治的角度来讲,办企业一定要讲诚信,要受道德约束。在制定企业的各项规章制度时,要注重树立诚信的理念,体现顾客至上、诚信为民、奉献社会的服务精神,杜绝假冒伪劣、坑蒙拐骗、损人利己的行为,使个人和企业的行为与社会要求有机地结合起来。要求职工讲诚信、讲信誉、讲道德,做到上道工序为下道工序服务,辅助部门为生产主体服务,机关为基层服务,企业为社会服务。只有企业内部各岗位、各工序、各方面的工作都以诚信为准则,才能使企业的产品或服务最终赢得用户的满意,进而使企业对内增强凝聚力,对外增强竞争力。

第三节　企业文化与人力资源管理的重要关系

一、企业文化与员工招聘

(一)企业文化与员工招聘的关系

1. 企业文化对员工招聘的影响

(1)企业文化不同,招聘的途径和方式不同

企业招聘的途径主要有内部招聘和外部招聘两种,二者各有利弊,互为补充,大多数企业是两者并用,但存在一个主次问题,这主要是依据企业的文化而定。一般来说,强调创新和学习的企业文化要求以外部招聘为主,这样的企业的外部环境和竞争情况往往变化非常

迅速,选择外部招聘可以经常为企业带来新的观念和思维方式,增强企业的活力。而强调稳定的企业文化要求以内部招聘为主,因为这样的企业外部环境比较稳定,企业需要的是平稳的发展,选择内部招聘有利于企业的内部安定。

即使是用相同的招聘途径,各企业在具体的招聘方法的选择上也会因为企业文化的不同而有区别。例如:同样是用外部招聘,受儒家传统文化的影响,讲求义利合一的国有企业和民营企业可能更多地选择利用媒体信息资源招聘和校园招聘,而追求法律允许下效用最大化的欧美企业可能更多地通过代理机构和猎头公司来招聘。

(2)企业文化不同,招聘的对象不同

企业所需要的人才类型直接取决于企业文化,这主要体现在不同行业的企业中。例如:对于IT行业来说,更喜欢有技术、抗压力、善于学习和创新、思维活跃的人才;对于饭店经理类的职业要求来说,更强调细致、严谨、敬业、责任心强的员工。

(3)企业文化不同,招聘的策略不同

企业进行招聘前要制定一些决策,主要包括招聘人数、类型、预算、途径及其方法的确定。企业文化对招聘策略的制定有着举足轻重的作用。例如:在外资企业中,招聘关注能力与岗位的匹配,任人唯贤,人才招聘手段多样化,招聘的对象也是多元化的;国有企业则方法单一,多雇佣固定员工;私营企业则任人唯亲,随意性较大。

2. 员工招聘对企业文化的影响

(1)招聘是企业文化宣传的工具之一

招聘过程中,有意识地宣传可让潜在的员工了解企业文化,达到招聘和宣传的双重目的。

(2)招聘是执行企业文化的战略手段

现代企业管理中的人力资源管理和企业文化建设息息相关,企业可以通过有效的人力资源管理形成和建设有自身特色的企业文化。招聘是人力资源管理的入口,理所当然地是执行企业文化的第一步,对可能承载企业理念的应聘者有着筛选大权,并对企业文化的整合产生深远的影响。

(3)招聘是更新企业文化的必然选择

企业文化需要与时俱进,以适应外部环境的变化。基于企业文化的人才招聘能给企业文化带来新鲜血液,促进企业的阶梯式发展。

(二)企业文化与员工招聘的融合

企业文化与员工招聘既相互联系又相互制约。如果招聘到的人才的价值观与企业文化一致,则会使企业如虎添翼;反之,则会使企业寸步难行。因此,需要将企业文化与员工招聘相融合,具体可以从以下几个方面进行。

1. 以企业文化主导招聘

企业文化具有影响和规范内部员工思想和行为的作用,它可以引导人才在行为追求上寻求一种最佳的行事方式,实现组织发展的战略目标。员工的价值标准与公司的企业文化相符,能为企业带来新动力和高绩效,否则就会阻碍企业的健康发展。因此,在招聘之前,要确定一个大的原则:以企业文化主导招聘。

2. 在招聘的过程中宣传企业文化

招聘可以为企业选拔合格的员工,同时也是宣传企业文化的良机。企业在招聘过程中应树立宣传企业文化的观念,并将其落到实处。

(1)招聘者要具备企业文化特质

员工是企业文化的第一载体,招聘工作人员在招聘过程中与应聘者直接接触,其个性特点、个人修养、专业知识及能力都会影响到应聘者对企业整体形象的印象。因此,招聘工作人员本身应该认同和理解企业文化,这样既能为企业带来新的与企业价值观相一致的人才,又能起到宣传企业文化的作用。

(2)招聘过程中融进企业文化的宣传培训

招聘程序应力避简单化,尽可能安排多个考察测试;在选才进程中,人力资源管理者应设置围绕企业哲学及核心价值观的文化识别维度,将企业的核心价值观分解为员工的核心能力要求,并作为测试的主要内容之一;在决定人选时,人力资源管理者应尽可能把淘汰的机制放在最后两三个环节,让那些不能进入选择范围的应聘者也较多地了解企业。

(3)善待落选者

企业应清楚认识到,应聘者即使落选,也会成为企业潜在的人力资源或消费群,礼待落选人员,对企业文化和企业整体形象的宣传是很重要的。

3. 注重心理契约的建立

心理契约是员工与企业之间的隐性契约,其核心是员工满意度。人力资源管理者应当在招聘中将员工关系从法律契约提高到心理契约的高度,在强势的文化指导下,强化哲学和核心价值观在招聘环节中的制度体现,同时将招聘职位在企业中的现状及未来几年的发展情况传递给应聘人员,使其建立一个合理的预期,这样不仅可以在招聘环节中传播企业文化,更重要的是在招聘的双向选择上,企业选择认可、接受和适合企业的人才。

二、企业文化对人力资源管理其他职能的影响

(一)企业文化与人力资源管理的相互关系

1. 两者都是基于对人的管理,都强调以人为本

企业的人力资源管理,实质是按照以人为本的理念,用现代化的科学方法和手段,对人的思想、行为进行有效的管理,充分发挥人的潜能,从而实现企业目标。而企业文化也倡导以人为本的理念,提出人是企业的核心、人力资源是真正的资源、企业的管理工作必须以人为中心等思想。企业文化通过运用文化理念来引导、调控、激发人的潜能、积极性和创造精神,以此促进人与企业的共同发展。因此企业文化与人力资源管理都是基于对人的管理,强调以人为本,激发人的潜能与创造精神。

2. 企业文化是人力资源管理的助推剂

不同的企业文化体现在不同企业的人力资源管理上也是千差万别的。同时，人力资源管理的获取、整合、奖酬、调控、开发等各项功能的实现又都受到企业文化直接或潜在的影响。人力资源管理作为企业管理的一部分，通过或利用企业文化进行，是人力资源管理发展到今天的必然要求，也是企业管理所追求的最高管理境界。因此，人力资源管理只有在一定的企业文化基础上进行，并服从于企业文化这个软环境，才更加有效率。在企业文化建设中，从表层文化（厂貌、员工面貌）到中层文化（制度）再到深层文化（理想信念、行为准则）的构建，都离不开对员工群体和个人行为的逐步规范。人力资源管理是载体，企业文化是精神实质和精髓。人力资源管理的任务是吸纳、培训、保留、激励和开发高素质人力资源。因此，企业文化所提供的价值标准和行为准则应成为人力资源管理的主要依据和准则。

3. 人力资源管理是企业文化的根基

虽然每个企业都有自己富有特色的企业文化，但不是所有的文化都能得到落实和完善，从而有效地激励员工提高企业的经营业绩。只有运用正确的、系统的、完善的人力资源管理手段，才能保证企业文化的贯彻和落实，人力资源管理实践才能真正成为落实企业文化最有力的工具。

（二）企业文化对人力资源管理的作用

1. 导向作用

企业文化的核心是企业全体员工共同拥有的价值观。这种价值观会对人们的思想意识和行为产生一种导向作用，发出无声的命令，要求企业全体员工按照共同价值观及以其为核心的企业文化要求去行动。通过企业文化将企业的基本信念、基本价值观等灌输给职工，可以形成上下一致的企业文化，促进广大职工在一致的企业文化下进行工作。企业文化对人力资源管理体系具有导向功能，主要表现在以下几点。

（1）在人力资源的招聘中，将企业的价值观念与用人标准结合起来。在招聘过程中，对招聘者进行严格的考察，在招聘开始以前就应描绘好所要招聘人员的整体形象。

（2）在人力资源的培训中，将企业文化的要求贯穿于企业培训之中。当今一些企业改变了以往生搬硬套的培训，采取拓展训练、团队打造等较灵活的体验式培训，以在培训过程中让员工树立和接受企业的文化理念。

（3）将企业文化的要求融入员工的考核与评价中。在对员工进行考核与评价时，要将企业价值观念的内容注入，作为多元考核的一部分。其中，对企业价值观的解释要通过各种行为规范来进行，可通过鼓励或反对某种行为，达到诠释企业价值观的目的。

（4）在员工的薪酬系统上，企业应真正建立起符合其核心价值观和企业原则的薪酬系统。例如，如果企业的核心价值观强调业绩导向，那么在薪酬系统设计上就应该拉大不同表现员工的薪酬差距，并且真正让工作表现好、对企业贡献大的员工得到明确的奖励和赏识。

2. 人才吸引与保持作用

企业文化可以把企业各个层面、各个层次的人聚合起来，从而产生一种巨大的向心力和凝聚力,让职工对企业产生归属感。企业文化通过提供各种诱因与贡献的相互平衡,即"诱因引导与成就驱动"的平衡使人才认同,来达到吸引人才、留住人才的作用。如企业可以通过分配文化保证人才物质利益的实现,通过招聘、录用、内部待业、解雇、养老等安全保障文化来满足人才安全感的需要,通过主体文化和诸多亚文化制造团体认同感和归属感,通过自我价值的追求与企业经营目标的协调来满足员工自我实现的需要。这是企业文化所特有的魅力,这种魅力可以将企业发展所需要的人才牢牢吸引住。

3. 约束作用

当员工产生自觉行动,而不需要外在约束时,企业文化才算初步建立起来。企业文化的人力资源约束功能表现在以下几点。

一是能使对员工的心理约束和对工作的约束一致起来,建设一支具有统一的价值观念、首创精神,以及一切行动听指挥、遵纪守法的员工队伍,既发挥员工的主体作用,又使每一个员工懂得自己的工作任务、目标、职责,并按照这些要求驾驭、管理各种要素,尽职尽责地完成本职工作。

二是能使自我约束与强制约束结合起来。一个企业群体的价值观念一旦成为广大员工的自觉意念和行为,员工就不需要外力约束,而自觉地按照群体认同的价值观念待人处事和从事经营活动。

三是能使事前、事中、事后的约束相结合,三者约束,环环紧扣。企业文化中长期形成的群体观念和道德行为准则,在员工中起潜移默化的作用,可以使员工自我约束不良行为。即使发生不良行为,也比较容易进行纠正。

4. 人才培养作用

企业文化的人才培养作用是通过文化本身的行为约束功能和价值导向功能来实现的。企业文化的行为约束功能的人才培养作用主要体现在制度文化和企业伦理的作用。一方面企业规章制度的约束作用非常明显,而且是硬性的,制度面前人人平等;另一方面,对企业伦理中的社会公德和职业道德,员工都必须遵守,这是一种无形的、理性的韧性约束。通过这种方式,可以培养出符合企业发展需求的高素质员工。

(三)在人力资源管理中推进企业文化建设

在人力资源管理的关键环节(选人、育人、用人)中塑造与传播企业文化,使员工了解、认同并遵循它,可以逐渐形成一种深入人心的企业文化;有了员工对企业文化的认同,在建设企业文化的同时也达到了人力资源管理的目的,从而可以提高企业竞争力。

1. 在企业价值观的指导下选人

企业文化的核心是价值观,因此企业在选人时就要将企业的价值观与用人标准联系起来,选好企业需要的人才。企业要在企业价值观的指导下制定招聘要求,在招聘甄选过程中要选择对本企业文化认同度较高的人员,对应聘者进行严格的培训和企业文化的传播,这样选择出来的人员既可以满足企业的要求,又可以减少企业人才的流失,尤其可以防止那些经过企业培育并在生产中获得较高技术的人员,最终因没有认同企业而"跳槽"。

2.结合企业文化进行育人

企业文化建设的目的是让员工树立良好的职业道德。加强培训,不断提高企业员工的基本素质,是建设企业文化的基础保证。

员工培训是人力资源管理中重要的一环,是企业必不可少的育人环节。培训不仅是包括使员工掌握基本的岗位、技术知识,更重要的是将企业的价值观传达给员工,也就是对员工进行企业文化的培训。这是塑造企业价值观的关键步骤。培训是从思想上用企业文化去整合和占领员工的思想,让所有员工都必须认同企业的企业文化,并在现实中用企业文化指导自己的行为,使员工自觉地把个人目标纳入企业目标的轨道,激励员工的责任感。

因此,企业应全方位地重视企业文化的教育工作,并投以一定的人力、经费,要尽最大努力,给员工提供良好的培训和学习机会,让他们真正学到其想学的东西,不断丰富其知识面,拓宽其视野,使其不断进步。

3.企业文化与用人

企业人力资源管理中用人的目的就是为了达到人的最大效能。绩效评估可作为衡量用人结果的标准。企业文化对业绩也有很大的贡献。良好的企业文化具有使全体员工团结一致的凝聚作用,不仅可以使员工产生认同感,积极参加企业的事务,为企业做出自己的贡献,还可以提高企业经营管理水平,优化企业结构,提高企业整体素质,从而提高企业业绩。

绩效评估的有效实施需要有优秀的企业文化,因为优秀的企业文化可以调整员工的行为准则、价值观,使他们在特定条件下采取正确行动,促进组织绩效的改进。设计绩效评估方案时,应以定义绩效为基础。企业文化与企业战略为定义绩效确定了明确的方向,同时企业文化对绩效反馈的方式、重视程度都有很大的影响。因此,在员工的评估体系内,注入企业价值观念的内容,营造一个坦诚和信任的企业文化氛围,并建立健全的奖励制度,使做到遵守企业文化的人受到奖励,不遵守企业文化的人受到惩罚,这样可以使企业文化根植于员工的头脑之中。

第四节 多维视角下企业文化提升竞争优势的机理

一、企业文化是一种提升竞争优势的战略资源

根据资源基础理论,具有价值性、不可模仿性、不完全模仿性和不可替代性的异质性资源成为企业竞争优势的主要来源。企业文化是一种异质性的战略资源。首先,企业文化具有价值性。一方面,文化作为一种可传承的资产,本身就具有巨大的价值。另一方面,文化能够成为正式控制制度的补充,以降低企业中监督个人的成本。同时,文化有利于企业间或员工间的合作,可以减少谈判和讨价还价成本。其次,企业文化具有不可模仿性。企业文化作为软件,它具有独特的价值观、行为准则、精神追求,是无形的,即使是被别人观摩或学习,也难以复制。再次,企业文化具有不完全替代性。企业文化产生于企业特定的历史背景下,

不同的企业具有自身独特的历史条件,因此,企业间的文化千差万别,具有不完全替代性。最后,企业文化具有不可交易性。文化是企业固有的东西,它不能像其它商品一样可以通过市场进行交易。

二、企业文化功能与企业竞争优势

企业文化具有不同的功能表现,主要功能包括导向功能、凝聚功能、激励功能和约束功能,这些功能有助于企业竞争优势的提升。

导向功能是指企业文化对企业整体及企业成员个体思想行为的方向起引导作用,把个人的目标和理想聚焦在企业的目标和理想上,引领企业全体成员为完成确定目标而共同努力。通常,人的活动会受到生活方式、思维方式和价值观念的制约,这些因素会影响到人的价值观,不同生活环境下的人,价值观也是不同的。企业文化通过导向功能把企业的价值观渗透到个人的意识中,以改变不同的思想观念,形成统一的价值观、思想观和道德观。正是借助企业文化的导向功能,把企业全体员工的思想、行为统一到企业发展的目标上来,才能使他们朝着企业的发展目标努力工作,进而形成企业的核心竞争力。

凝聚功能主要指当一种价值观被企业员工共同认可后,它就会成为一种黏合力,从各个方面把其成员聚合起来,从而产生一种巨大的向心力和凝聚力。在社会系统中,将个体凝聚起的主要是一种心理力量而非生物的力量。社会系统的基础是人类的态度、知觉、信念、动机、习惯及期望等。企业文化能使全体员工在企业的使命、战略目标、战略举措、运营流程、合作沟通等基本方面达成共识,这就从根本上保证了企业人际关系的和谐性、稳定性和健康性,从而增强了企业的凝聚力。企业有形的或无形的文化,都将有形或无形的影响消费者的购买行为。企业文化的凝聚功能可以把企业全体员工凝结在一起,使集体潜在的力量转化为现实的力量,为企业竞争优势的提升提供强劲的动力。

文化的激励功能主要指员工在日常经营活动中自觉地根据企业文化所倡导的价值观念和行为准则的要求调整自己的行为,从而把个人目标与组织目标有机结合在一起。企业文化的激励作用是由激励机制来实现的。企业文化的核心价值观产生引导力,企业精神产生驱动力,企业伦理道德规范与企业制度产生约束力,宽松的文化氛围产生激发力,文化融合产生激活力,而各种力量相互协同整合形成企业文化的激励力。企业文化能够综合发挥目标激励、领导行为激励、竞争激励、奖惩激励等多种激励手段的作用,从而激发出企业内部各部门和所有员工的积极性,而这种积极性同时也成为企业发展的无穷力量。

企业文化的约束功能是指企业文化对每个企业员工的思想、心理和行为具有约束和规范的作用。企业文化的约束不是强制性的约束,而是一种软约束,这种软约束产生在企业文化氛围里,形成一个群体的行为准则和道德规范。企业文化的这些约束功能可以减少企业员工的机会主义行为,增强他们的荣誉感和责任感,降低企业内部冲突和管理成本,提高经营运作效率,进而提高企业的核心竞争力。

三、企业文化、企业能力与企业竞争优势

(一)企业文化、整合能力与企业竞争优势

根据企业文化的特质理论,企业文化具整合作用,也即它具有整合能力。主要体现为三个方面:一是准确判断,即企业能够利用自有的知识经验和信息对变化的环境做出准确的判断;二是正确决策,即在充分掌握环境情况下能够做出正确的行动方案;三是快速行动,即行动方案决定后,就能迅速行动。在一个信息化而变化莫测的时代,速度往往成为决胜的关键因素,决定着企业竞争力的发展。其实,企业所拥有的资源都是有限的,它不可能拥有所有种类的资源,为此,企业必须具备获取外部资源的能力。另外,任何一种资源本身不可能自发地形成竞争优势,它必须在人的干预下才能充分发挥它的使用效率和效能。企业的资源经过整合形成能力,每一种能力都是由特定的资源配置整合形成的。在企业各种资源的配置中,具有整合性特质的企业文化起到了积极的作用。

整合能力是企业内部或企业之间通过对各种资源的有效规划、协调和控制以获取单一行为所无法达到综合效益的能力。整合能力可以促使企业资源能够得到有效利用,从而提高企业的竞争力。整合能力是一种资源价值化能力,价值化是一个内生化和外生化的过程,有效的整合能力不仅反映在价值化过程中比对手具有更高的资源利用效率,更反映在价值化结果中的成本、质量和一致性要求等方面比对手更具优势。对信息资源或关键技术资源进行有效整合,可以极大地提高它们的价值增值能力。

(二)企业文化、创新能力与企业竞争优势

创新成为现代企业永恒的主题,更被认为是积极向上的企业文化的灵魂所在。在竞争激烈的市场中,企业要想获得成功,就需要在产品、技术、管理、制度等各个方面进行创新。一部科技创新发展史,也是一部创新文化的发展史。创新型经济,文化因素特别是创新文化对其发展同样具有决定性意义。从已有的研究来看,影响创新的文化要素较多,其中之一就是"激励"。激励是基于企业内外环境的推动和影响而诱发个人(或群体)产生的一种自勉力、驱动力和进取精神。企业文化的激励性特质对创新能力的作用,表现在企业文化的激励性有助于企业创新环境的培育,形成鼓励尝试、冒险、容忍失败、挫折的氛围,不断激励员工的"心智模式",把潜在的智慧开发出来,形成创新性的思维。由于创新经常包括一些不确定的因素,不愿意承担风险的公司不可能进行持续不断的创新,所以创新公司的高层管理者更愿意并鼓励冒险。管理上的支持与奖励系统与创新文化积极相关。没有支持,创造性的个人就不能实施他们的新思想,即使他们发现了提出这些新思想的方法。此外,企业文化的激励性有助于创新机制的建立。企业文化不仅为组织创新营造氛围,还能够在一种支持创新性为核心的价值观指导下,通过制度和规范,构建鼓励创新、反对守旧的激励机制。再次,企业文化的激励性有助于激发员工创新精神。而创新可以帮助企业面对较低的竞争压力,可以获得较高的利润。创新是企业获得强势竞争地位和不断更新竞争优势的最佳方法。

(三)企业文化、学习能力与企业竞争优势

在动态发展的环境中,仅仅依靠生产设备、原料、产品、技能、组织结构、市场壁垒来构建企业持续性竞争优势的时代已经结束,而以知识和能力为代表的生产要素资源在竞争战略中发挥着举足轻重的作用。同时,组织学习已成为企业获取知识与能力的主要举措,它的作用和地位正日益而受到企业的重视。但需提及的是,组织学习过程和学习能力的提高是会受到企业文化制约的。组织学习是企业在特定的文化氛围中针对自身核心的商业活动构建并完善知识结构和商业运作程序的过程。组织学习的本质上是一个过程,这一过程的结果能给企业带来与众不同的知识和能力,并且在这些知识和能力的形成过程中,企业文化对组织学习能力形成有重要的影响作用。

在知识获取过程中,企业组织学习能力具有举足轻重的作用,从知识经济和组织学习的角度来看,未来企业间基于能力的竞争很大程度上是组织学习能力的竞争。学习过程可以使显性知识得到转移的同时,还能使隐性知识得到传递。另外,路径依赖理论告诉我们,企业能力及组织流程是需要在长期的不断试错和学习过程中逐步建立起来的,而不是一蹴而就的。由此可知,组织学习是企业保持和发展动态竞争优势的有效措施。

第九章 多维视角下资源管理模式发展与创新

第一节 人力资源与传统人事管理的比较

一、概念上的差异

传统的人事管理,也就是计划经济体制下的人事管理,是一种以政府及其所属的劳动人事部门为核心,由政府统一配置人才,地方、企业与个人属于服从和被动的角色的人事管理制度。这种人事管理是相对稳定的,与计划经济体制相适应。这种管理模式曾有利于中央和地方政府集中有限的人力、财力建设社会主义的物质基础和技术基础,对国民经济的恢复发挥了积极作用。但这一模式的管理过程强调事而忽视人,人的调进调出被当作管理活动的中心内容;管理过程受政治影响较大;强调听从安排,否定个人的需要和个性,扼杀了劳动者的积极性和创造性,极大地束缚了生产力。随着市场经济的发展,其弊端更加突出,于是,现代人力资源管理的发展与流行便顺理成章。

网络时代的人力资源管理更加重视整个社会人力资源的供需平衡和协调发展,是一种有关资源配置的战略管理活动。网络时代的人力资源管理部门积极与其他部门相协调,共同为企业创造效益。它强调以人为中心,除了具备传统人事管理的内容外,还具有进行工作设计、规划工作流程、协调工作关系等职能。与传统的人事管理相比,现代的人力资源管理是一种更深入、更全面的新型管理形式。

二、招聘方式的差异

由于传统的人事管理基本上是一种业务管理,其人事的重大决策权集中在政府行政部门,所以,企业在员工招聘方面没有完全的自主权。传统的人事管理仅在需要时发挥作用,因而只是在企业人手不够时补充员工,所以招聘工作主要着力于企业当前的需要。

网络时代的人力资源管理招聘是利用计算机网络进行的,企业可以在网上公布招聘信息,并在线浏览求职者的信息。互联网使人才需求信息成为公开的消息,企业的招聘人员可以在不离开办公室的情况下,广泛开展人才搜索。计算机网络招聘主要包括吸引人才、分析人才、联系人才以及最后达成协议等几个环节。这些环节是通过网上信息发布、网上人才测评与分类、在线联系或电子邮件,并利用人才招聘的一些管理软件处理相关事宜等手段来完成的。计算机网络招聘利用互联网交互性和实时性的特点,不受时间、地域的限制,向任何一台计算机终端的应聘者发出招聘信息,应聘者也可以随时随地与招聘企业联系,获取需要的最新信息。

许多大型企业、跨国公司已把网上招聘作为其招聘员工的主要形式。"到网上找工作"已成为全国大部分高校校园的流行语。据大学生反映,上网求职比传统的招聘会求职、递交自荐信的方式好得多,它不仅查询方便,信息量大,选择面广,不受时间地点限制,而且还可以节省费用,提高了求职效率。

三、培训方式的差异

传统的培训因时间和地点的限制,一般都是选定某一段时间,把员工集中到室内或室外进行,这将耗费大量的人力、物力和财力。此外,一个培训师一次可以指导的学员数量是有限的,同样的培训课程每一次都要重新准备,所以,传统的培训方式存在效率较低的缺陷。当然,集中授课的培训方式也有一定的优越性:这种互动式的学习可以让培训师发现学员是否需要更多的帮助。此外,这种培训方式可以使参加者的精力集中在培训课程上。

网络时代的企业培训打破了传统培训的时空限制,各地的员工可以利用计算机网络,在本地接受异地培训。企业将培训内容发布在企业内部网站上。员工可以根据自己的需要,不受时间、地点的限制,在互联网上寻找适合自己的培训内容进行自主学习,以拓展知识与技能的深度和广度。员工之间可以进行在线探讨、交流,企业还可以提供在线疑难解答。这样使企业和员工都可以及时得到培训绩效的反馈,有利于企业及时改进培训内容和目标。但是,网络培训的自助式课程往往会被工作打断,并且网络培训要求组织建立良好的网络培训系统,而这需要大量的资金,中小企业受资金限制,往往无法花费资金购买相应的培训设备和技术。

第二节 人力资源在网络经济中的作用与影响

一、人力资源是网络经济增长的重要源泉之一

经济增长是指国民生产总值或国内生产总值在总量上的扩张。为了清楚地反映出每一要素在经济增长中的贡献水平,经济学家们建立了经济增长模型,在这一模型中,一般用三个要素,即资本、劳动力和技术进步。这实质上是人力资源不同侧面的表现,其量的多少、质的高低取决于人力资源的数量及素质。人力资源的素质高低决定了企业产品的质量优劣和劳动生产力的素质高低,以及投入与产出的比例。在网络经济时代,企业的成败取决于对人

的管理,学会求才、用才、知才、育才,是每个成功企业管理者的必备素质。

二、人力资源是网络经济结构优化的决定因素

经济发展既表现为经济的增长,也表现为经济结构的优化。经济结构是否优化,是衡量经济发展与否的重要因素。我们在分析一个国家经济结构是否优化时会发现,经济结构是否优化不只取决于该国自然资源的禀赋,更取决于人力资源结构是否优化。人力资源结构的优化不仅表现为静态的人力资源结构能与经济结构保持协调一致和相对平衡,而且表现为动态的人力资源结构能与经济发展所需的经济结构相适应。经济结构的调整往往是从调整人力资源结构开始的,采取的手段又大多是强烈的市场化手段,即政府调整经济结构时,先指明经济结构运行的方向,引导具有相关素质的劳动者首先进入这一经济部门,并获取相应的高收入,从而强制或诱导其他劳动者转岗改行,接受新经济部门的素质培训,向这一经济部门配置相应的人力资源,直至人力资源处于饱和状态,经济结构得到有效调整。

三、人力资源是网络经济下企业的兴盛之本

任何企业都拥有三种基本资源,即物力资源、财力资源和人力资源。对于企业来说,物力资源和财力资源是企业的有形资源,是衡量企业的重要尺度,但二者都具有有限性;而人力资源正好与之相反,它是一种无形资源,具有相对无限性,是可再生资源。企业可以通过教育、培训和开发等活动提高人力资源的品质,增加人力资源的数量,用人力资源代替非人力资源,从而减轻企业发展过程中非人力资源稀缺的压力。同时,企业为提高产品质量、降低成本和在市场上占据优势,纷纷改进工艺,运用先进机器设备,而这些又需要高素质的人力资源来完成。所以,人力资源开发的好坏,在很大程度上决定了企业的兴衰。

第三节 网络经济对人力资源开发与管理的影响

一、网络对人力资源组织的影响

在传统的金字塔式组织结构中,强调命令、控制以及清晰地描述员工的任务,因此,组织对员工的期望是明确的,员工的晋升路线也是垂直的。晋升意味着责任的增加、地位的提高和更高的报酬,人力资源管理的全部信息都集中在组织的最高管理层。

网络时代,由于信息沟通及处理的便捷性,公司的管理层次将大大减少,所以,扁平式、矩阵式、网络状的结构将变成多数公司的组织架构模式。项目管理小组和在线合作将成为工作中最常见,也最有效的一种方式。组织将鼓励员工扩大自己的工作内容,提高员工的通用性和灵活性。确保组织未来成功的关键,在于有合适的人去解决组织最重要的业务问题,

无论他处在企业的哪一个等级和组织的何种职位,也无论他身处世界的任何角落。

二、网络对人力资源管理各职能的影响

(一)网络对绩效评估的影响

网络将遥远的距离拉近,主管可以很快看到来自各地的每个下属定期递交的工作反馈。员工考核及述职也可以在网络中实现。员工的工作地点已经不是很重要了,只要具备工作条件,他只需按计划去完成工作就可以了,员工的满意度将大大提高。

在线评估系统实时录入公司所有员工的评估资料,其强大的后台处理功能将出具各种分析报告,为公司的管理改进提供及时的依据。对于评估结果,系统自动根据权重改进评分进行统计,并将结果与薪酬以及人才培养计划挂钩。

(二)网络对员工培训的影响

网络时代,员工培训的形式更加多样化,已经不再是简单的"我说你听"。网络资源极其丰富,鼓励员工充分利用网络资源进行岗位培训,成为许多公司的一个培训方向。通过网络的形式进行员工培训,企业不单可以提高效率,更可以节约成本。企业的人才培训可以请专家来公司讲课,也可以让员工脱产外出学习,但这两种方法都是小范围的,而且费用较高,因此仅适用于公司高层人员;对于基层人员的培训,因人员较多,如仍用上述方法,相应的费用较高,但以网络为基础的虚拟学习中心可以大大节约费用。通过开发远程教育系统,人力资源部门可以选择最好的、性价比最高的培训公司实施培训。

三、网络化人力资源实践

人力资源管理职能在下面几个领域可以用网络化管理方式。

(一)网络化招聘

与传统的招聘方式相比,网络化招聘的优势十分明显,其优势集中表现在以下几个方面:

(1)扩大了招聘范围。互联网的全球性、交互性、实时性的特点,使企业有可能在世界上任何一台计算机终端上找到其潜在的合格人选。

(2)增强了招聘信息的时效性。企业可以全天候地向潜在的应聘者发出招聘信息,而应聘者也可以随时随地与招聘企业联系,同时,企业可以根据需要及时更新招聘岗位,传递最新信息。

(3)降低了招聘成本。网络化招聘不受时间、地域、场所等条件的限制,供需双方足不出户即可进行直接交流。这样既可以节约传统招聘活动中的各项开支,又可以节省人力资源管理部门的精力和时间,企业还不必向"猎头公司"等中介组织支付高昂的服务费用。

(二)网络化沟通

网络使企业的信息沟通更为快捷、广泛、有效,企业内部的信息交流、情感融合也更为通

畅。组织可以在内部网上贴出各方面的情况介绍,还可以建立员工的个人主页,开设论坛、聊天室、建议区、公告区以及企业各管理层的公共邮箱。

网络化沟通方式有助于克服人际沟通过程中的一些人为障碍,使企业的上行、下行及横向沟通更为通畅,为企业员工参与管理、反映问题、发表评论和提出建议提供了更为方便的渠道和途径。这样的沟通方式有利于企业良好心理氛围的建立,有利于员工创造性、自主性、责任感以及自我意识的提高,有利于员工工作生活质量的提高。

(三)网络化绩效考核

网络化绩效考核在一定程度上可以克服人际知觉和判断上的偏差。它可以远距离进行工作实绩和工作情况的客观评价,避免了人与人之间的心理影响,减少了考核中的主观因素,这对建立规范化和定量化的员工绩效评价体系,以代替以经验判断为主体的绩效考评手段有很大的作用,能使员工绩效考评更为公正、合理、科学。

参考文献

[1]潘颖,周洁.人力资源管理[M].成都:电子科技大学出版社,2020.

[2]李亚杰,潘娅.人力资源管理[M].成都:电子科技大学出版社,2020.

[3]赵继新,魏秀丽.人力资源管理[M].北京:北京交通大学出版社,2020.

[4]李燕萍,李锡元.人力资源管理第3版[M].武汉:武汉大学出版社,2020.

[5]杨丽君,陈佳.人力资源管理实践教程[M].北京:北京理工大学出版社,2020.

[6]李娟,周苑.人力资源管理及企业创新研究[M].长春:吉林人民出版社,2020.

[7]黄铮.一本书读懂人力资源管理[M].北京:中国经济出版社,2020.

[8]张景亮.新时代背景下企业人力资源管理研究[M].长春:吉林科学技术出版社,2020.

[9]杨姗姗,王祎.互联网时代人力资源生态管理研究[M].长春:吉林人民出版社,2020.

[10]杨俊青.人力资源管理[M].北京:经济科学出版社,2020.

[11]朱舟.人力资源管理[M].上海:上海财经大学出版社,2020.

[12]孙小飞,杨凯.人力资源管理[M].成都:电子科技大学出版社,2020.

[13]宋岩,彭春凤.人力资源管理[M].武汉:华中师范大学出版社,2020.

[14]吕惠明.人力资源管理[M].北京:九州出版社,2019.

[15]田斌.人力资源管理[M].成都:西南交通大学出版社,2019.

[16]蔡黛沙,袁东兵.人力资源管理[M].北京:国家行政学院出版社,2019.

[17]刘燕,曹会勇.人力资源管理[M].北京:北京理工大学出版社,2019.

[18]曹科岩.人力资源管理[M].北京:商务印书馆,2019.

[19]陈锡萍,梁建业.人力资源管理实务[M].北京:中国商务出版社,2019.

[20]徐伟.人力资源管理工具箱第3版[M].北京:中国铁道出版社,2019.

[21]柴勇.旅游人力资源管理[M].长沙:湖南大学出版社,2019.

[22]陈昭清.现代企业人力资源管理研究[M].北京:中国商务出版社,2019.

[23]周颖.战略视角下的人力资源管理研究[M].长春:吉林大学出版社,2019.

[24]闫培林.人力资源管理模式的发展与创新研究[M].南昌:江西高校出版社,2019.

[25]刘倬.人力资源管理[M].沈阳:辽宁大学出版社,2018.

[26]吕菊芳.人力资源管理[M].武汉:武汉大学出版社,2018.

[27]张同全.人力资源管理[M].沈阳:东北财经大学出版社,2018.

[28]刘娜欣.人力资源管理[M].北京:北京理工大学出版社,2018.

[29]王子涵,熊晶远.现在人力资源管理[M].长沙:湖南师范大学出版社,2018.

[30]林忠,金延平.人力资源管理第5版[M].沈阳:东北财经大学出版社,2018.

[31]奚昕,谢方.人力资源管理第2版[M].合肥:安徽大学出版社,2018.

[32]彭剑锋.人力资源管理概论第3版[M].上海:复旦大学出版社,2018.

[33]胡羚燕.跨文化人力资源管理[M].武汉:武汉大学出版社,2018.

[34]袁蔚,方青云.人力资源管理教程第2版[M].上海:复旦大学出版社,2018.

[35]赵志泉,王根芳.中国式思维视域下人力资源管理理论与案例研究[M].北京:中国纺织出版社,2018.